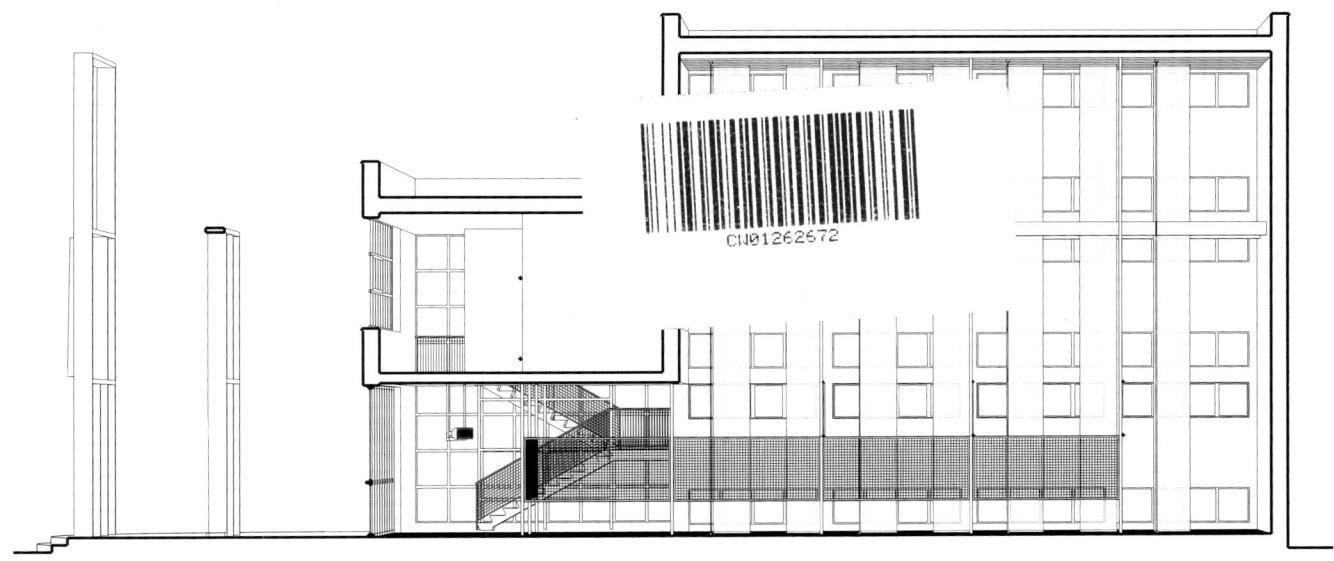

letture di architettura 4

franco albini
padiglioni ina per le fiere di milano e bari
1935

federico bucci

letture di architettura
collana diretta da mario ferrari

volumi pubblicati:
1. adalberto libera, casa malaparte a capri, 1938-1942 (I-II ed)
2. giuseppe vaccaro, asilo a piacenza, 1953-1962.
3. luigi moretti, casa delle armi nel foro mussolini, roma. 1936-1938.
4. franco albini, padiglioni ina per le fiere di milano e bari, 1935.

in preparazione:
5. ugo luccichenti, villino sulla via trionfale a roma, 1957-1958.
6. eugenio giacomo faludi, colonia marina montecatini a cervia, 1936-1939.
7. luigi moretti, sistemazione delle terme di bonifacio viii, fiuggi, 1965.

prima edizione: novembre 2011, tiratura 700 copie

© copyright 2011, ILIOS editore, Bari
tutti i diritti riservati

la proprietà intellettuale dei testi è degli autori.

ISBN 978-88-903456-6-1

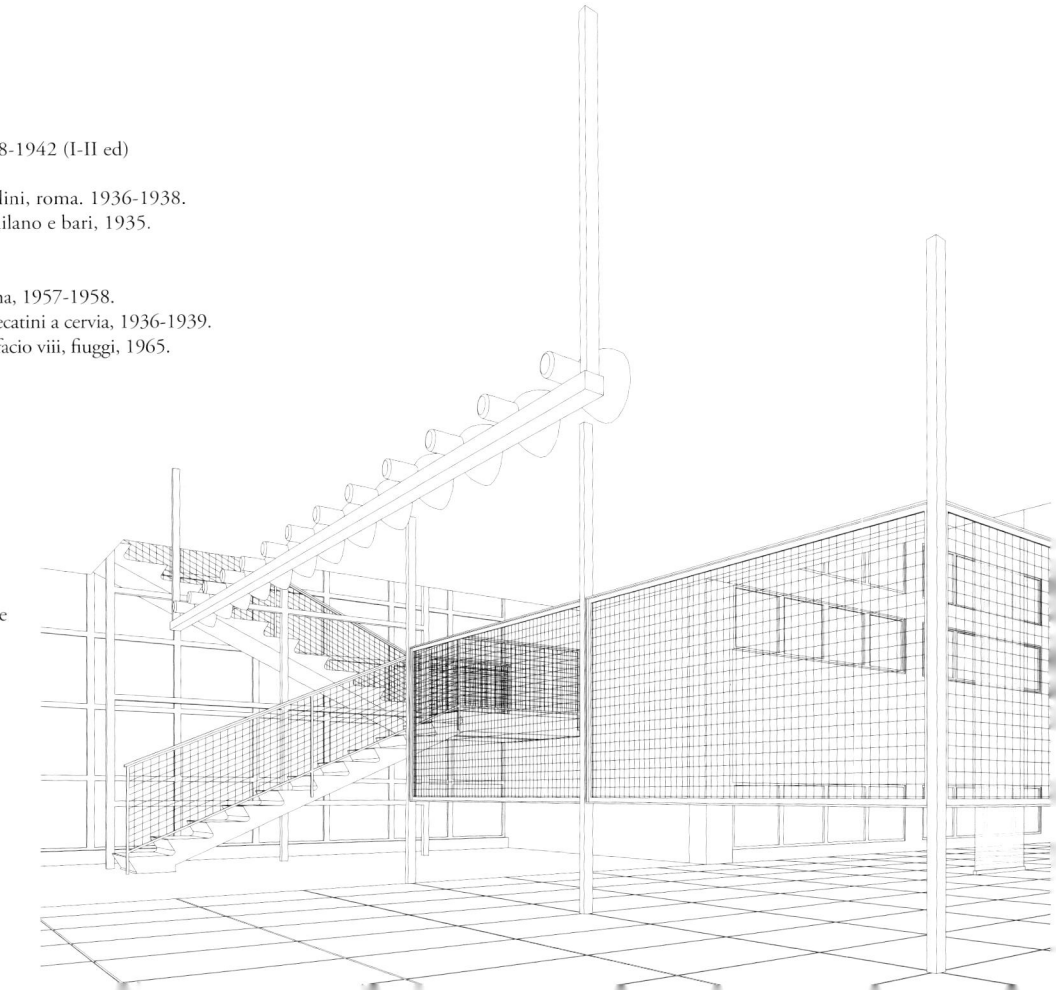

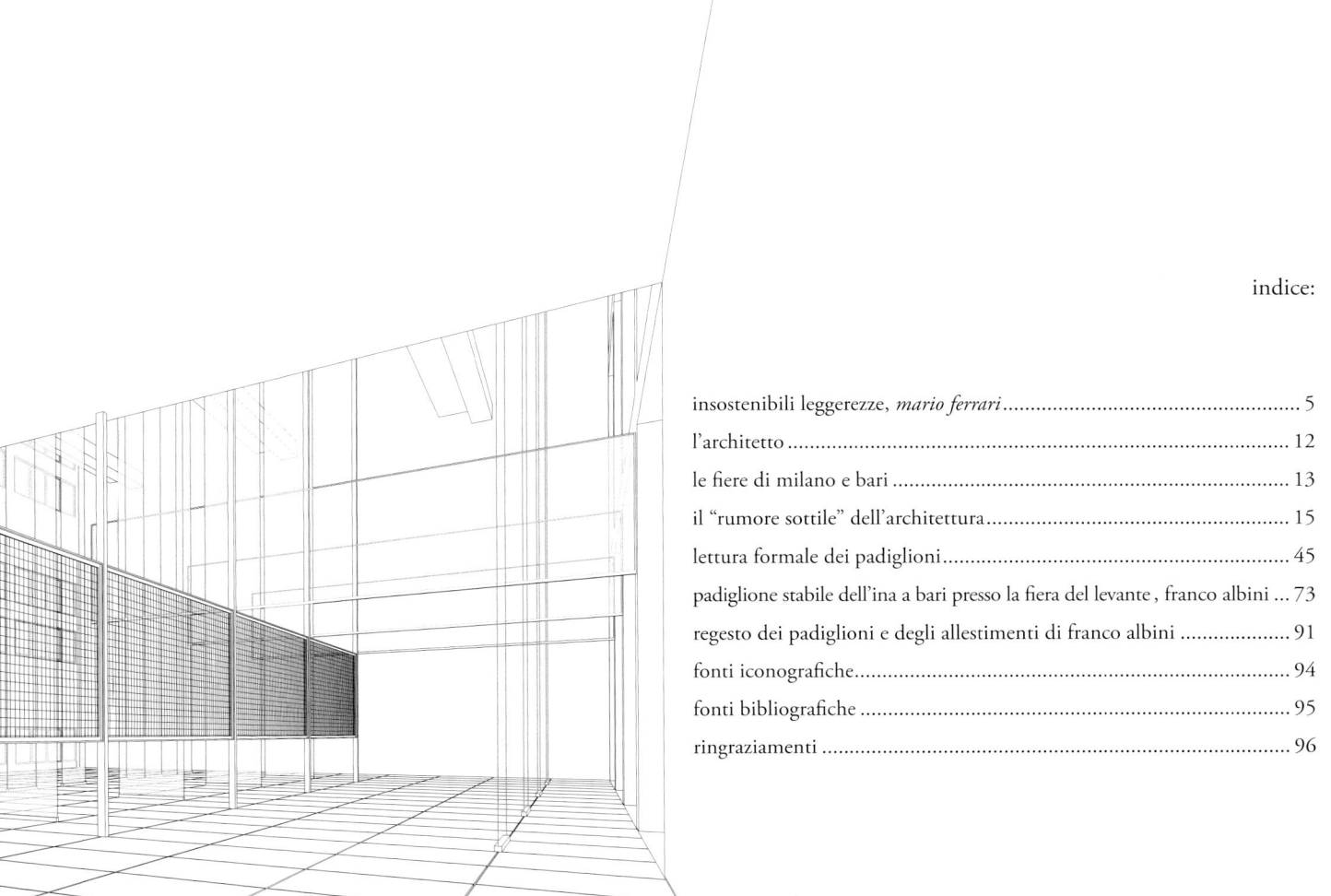

indice:

insostenibili leggerezze, *mario ferrari* 5
l'architetto 12
le fiere di milano e bari 13
il "rumore sottile" dell'architettura 15
lettura formale dei padiglioni 45
padiglione stabile dell'ina a bari presso la fiera del levante, franco albini ... 73
regesto dei padiglioni e degli allestimenti di franco albini 91
fonti iconografiche 94
fonti bibliografiche 95
ringraziamenti 96

fig. 1. Allestimento del Padiglione Ina per la Fiera Campionaria di Milano: vista dello spazio espositivo del volume principale.

Il quarto appuntamento con la collana "letture di architettura", dedicata allo studio della composizione architettonica nelle opere del movimento moderno, indaga un'opera molto interessante, che disvela scenari inediti nell'opera di un maestro come Franco Albini.

L'opera rientra nel novero della sperimentazione dell'architetto milanese tra il 1933 ed il 1935 che lo impegna nella progettazione di diversi piccoli padiglioni espositivi; questa presenta componenti sperimentali che dalle immagini fotografiche - cortesemente concesse dell'archivio della omonima Fondazione - non emergono con chiarezza. Il motivo è nella densità dei contenuti: il riquadro fotografico sembra non essere in grado di contenere la quantità di temi che questi piccoli "laboratori effimeri" propongono. Le viste appaganti dell'opera non placano la curiosità dell'occhio che, in una vertigine quasi piranesiana, a partire da dettagli sgranati, vorrebbe costruire una gerarchia inafferrabile. La totale assenza di rapporti con l'intorno, indefinito, obbliga generalmente il progettista ad una ricerca formale totalmente dedita all'edificio che raramente assurge al ruolo di "manifesto architettonico"; quando accade, vi sono un così alto numero di fattori che la percezione complessiva si fa difficile. Ad accentuare questo fenomeno vi è poi il contenuto pubblicitario, che in fondo è il fine del tipo architettonico del padiglione. A questo è asservito tutto l'edificio che dovrebbe evitare qualsiasi forma competitiva con il marchio pubblicitario che ne ha reso possibile la creazione. Vi sembra poco? Tanto basta per porre questi piccoli oggetti sullo stesso piano di opere importanti già indagate in altri numeri

INSOSTENIBILI LEGGEREZZE
contenitore vs contenuto: la pratica del progetto nella sperimentazione del giovane Albini

UNBEARABLE LIGHTNESS
Container vs content. The design of architecture in Albini's architectural youth

The fourth issue of the Series "Lectures of Architecture", that aims to study architectural composition through the examples of "modern" buildings, is now dedicated to a fresh and interesting work in Franco Albini's career. The building – that can be classified as a little exhibition pavilion - follows the path of other small pavilions designed by the architect between 1933 and 1937. Watching the old images kindly provided by the Franco Albini Foundation Archive, many theoretical and practical aspects of these works do not stand out clearly: the photographic medium seems to be unable to convey topics and suggestions of these experiments. The affordable black and white photos do not satisfy our desire, our eyes are in a way left to be so hungry, that they are unable to eat. The existing images tell us a story quite different from the one we've expected. The absence of interferences, of relations with a context, not defined for this specific kind of architecture, focuses our attention to the building, and the building alone. The high concentration of contents normally given to the theme of pavilion seldom makes an architectural manifesto out of this particular typology, but when it happens, so many factors have to be taken into consideration, that the overall perception becomes harder. The fact that the eventual aim of this typology is to advertise something, happens to even raise the rate of complexity, pushing the architect towards a design that must not compete with the advertised brand. Does it seem little to you? It is, anyway, already quite enough to justify treating those "small works" as equals of the bigger and important architectures published so far in the Series. The building is overload: proportions, rhythms, geometry and other architectural elements are shown in the book through the usual architectural 3d model and through "invisible edge" views. This way of presenting the buildings helps to understand for the first time, having removed the "chiaroscuro" and the backlighting of the photos, the structure and the exhibition apparatus designed by Albini. As a scientific experiment, impor-

della collana.
L'uso delle letture compositive effettuate attraverso inediti modelli architettonici a "linee nascoste" delle due versioni (Bari e Milano) - invariante della collana - aiuta a porre sullo stesso piano tutti gli elementi della composizione. L'abolizione dei chiaroscuri e dei controluce (fortemente presenti nelle due opere e nei fotogrammi dell'Archivio) facilita la comprensione dell'impalcato architettonico e delle strutture espositive, evidenziando una sconvolgente presenza della "trasparenza": qui si comprende come sia in atto una vera e propria battaglia tra contenuto e contenitore. Albini vorrebbe occuparsi della composizione di un volume architettonico ma - affascinato dalle molteplici capacità espositive offerte dai nuovi materiali - è spinto ad indagarne il ventre. Se si comprende questo conflitto si capisce anche il dissidio interiore tra l'Albini allievo di Gio Ponti e l'Albini cresciuto nell'ambiente razionalista della "Casabella" di Pagano. L'arco cronologico che

sottende la creazione dei padiglioni espositivi sembra contenere tutta la ricerca dell'Albini maturo. Anzi, in esse è possibile leggere anche componenti formali decisamente architettoniche, testimoni di una completezza che l'architetto ritroverà nella piena maturità. Ma andiamo con ordine. Il motivo per il quale l'attenzione si è concentrata sui due padiglioni commissionati dall'Istituto Nazionale delle Assicurazioni è nella qualità del rapporto tra il sistema - opaco - dell'architettura e quello - trasparente - dell'allestimento. I due tentano di avvicinarsi l'uno all'altro: il primo cerca di annullarsi attraverso grandi vetrate che, nella volontà di librarsi, allontanano la struttura, il secondo diventa traslucido per essere, esso stesso, architettura. Questa tendenza "asintotica" alla parentela, sembra non emergere dall'esploso assonometrico qui ricostruito ma, osservando l'edificio in prospettiva (si veda la sezione prospettica) quanto ipotizzato in precedenza è tangibile.
L'edificio "irradia" ed il vero rappor-

tant results are revealed: an astonishing presence of "transparency" and a deep and the hard battle among container and content. Albini would like to design a building, its exterior shape but he is also attracted by its interior volume. This struggle seems clear reading the career of the architect from his presence in the rationalist group of Pagano's "Casabella" to his devotion to Giò Ponti. As a paradox the years of pavilions, the years of his youth, represent the mature Albini. The reason why we have decided to focus our attention on the two pavilions commissioned by the National Insurance Institute is the particular relation between the opaque building and the transparent exhibition structures. Those two architectural elements seem almost to reach for one another: the first one - the building - loses its material quality through grand glazed openings, while the second - the exhibition structures - happens to be translucent to become itself, eventually, architecture. This very particular aspect stands out clearly only when looking at the building through a perspective view (as, for instance, a sectional perspective), but not through an axonometric explosion view. The result of such subtle relation between the architectural parts is an "irradiating" building that finds both its foundations and its balance in the geometry, in the module, characterizing strongly, almost as a sort of obsession, the elevations as well as the plans. As clearly written by Federico Bucci, the geometry seems here to be a rite rather than a rule. Many more themes to be reflected upon, stand out from the graphic narration of the pavilions, such as the two different versions, more specifically the two different experiments, for the external exhibition system that the architect provides. In the first one, an opaque surface hides, contradicts the mass of the building by leading the visitor straight in the interior; in the second and final version, a more coherent solution is found, by substituting the opaque structure with a transparent frame, that anticipates the geometry and meaning of the internal spaces. While in the first version, the visitor was lead into the building, in the second one he almost is drawn inside. The six rotating doors - out of iron and glass - that mark the entrance, increase this feeling of acceleration towards the interior of the building; here the visitor,

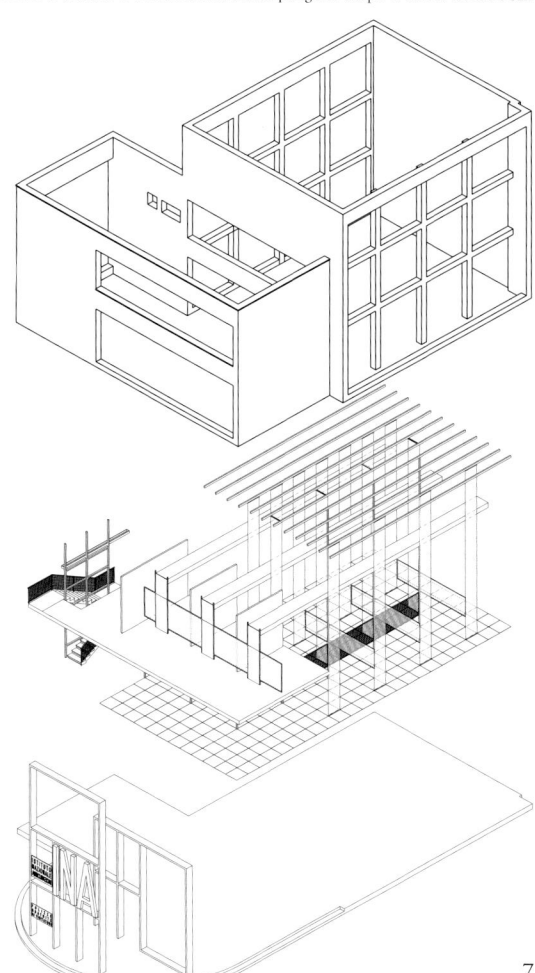

fig. 2.
L'esploso assonometrico rende evidente la presenza di un "progetto nel progetto" che genera forti contrasti all'origine delle tensioni spaziali che caratterizzano il lavoro del giovane Albini.

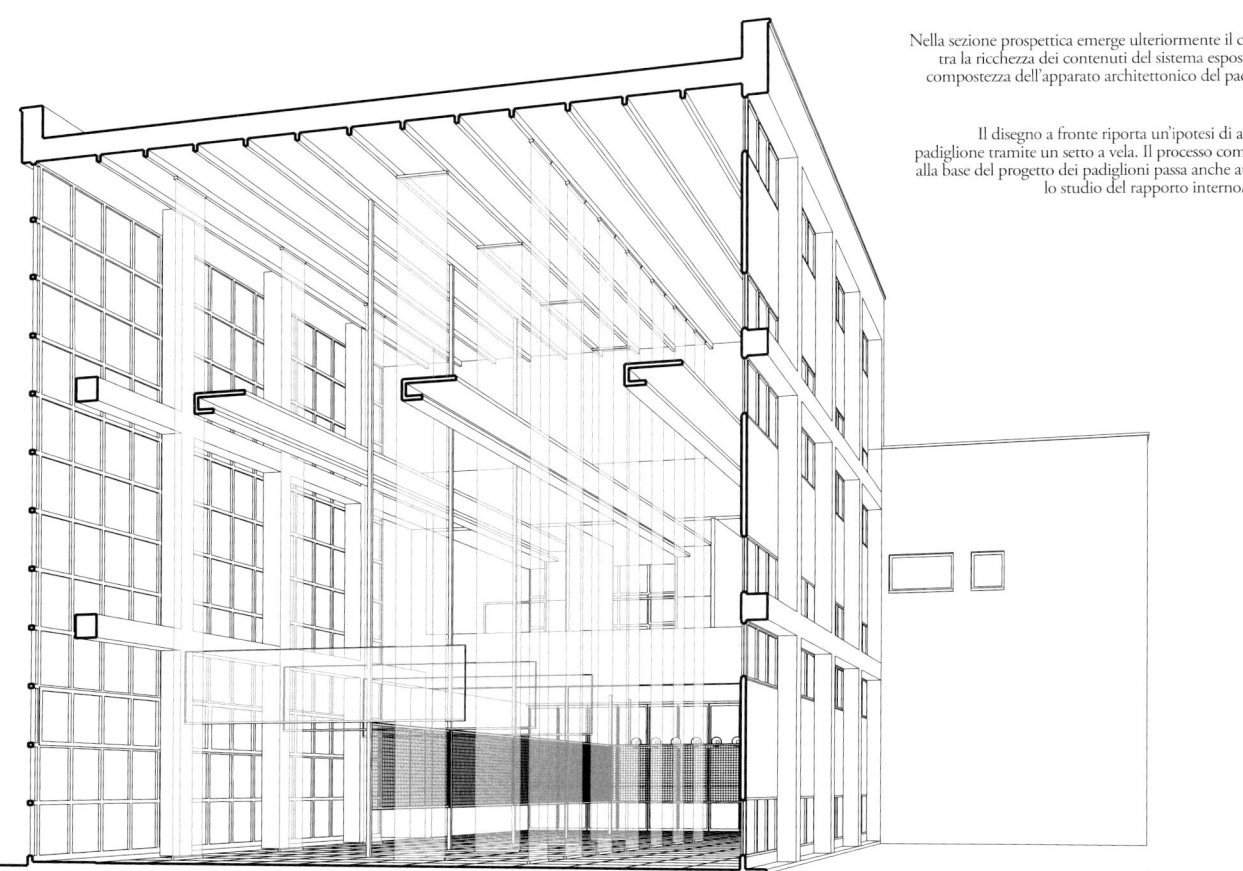

fig. 3.
Nella sezione prospettica emerge ulteriormente il contrasto tra la ricchezza dei contenuti del sistema espositivo e la compostezza dell'apparato architettonico del padiglione.

fig. 4.
Il disegno a fronte riporta un'ipotesi di accesso al padiglione tramite un setto a vela. Il processo compositivo alla base del progetto dei padiglioni passa anche attraverso lo studio del rapporto interno/esterno.

to tra i due mondi è nella geometria, nel modulo. Questo è ossessivamente presente sia nei piani proiettivi che nella configurazione dell'allestimento. Come chiaramente illustrato da Federico Bucci nel seguito del libro, la geometria sembra voler essere, più che una regola, un rito, un comune denominatore.

Nel racconto grafico dei due padiglioni emergono molti altri spunti per ulteriori riflessioni: le due versioni differenti dei telai espositivi posti all'esterno del padiglione milanese: contraddittori prima, coerenti poi. Nella prima versione una "vela" opaca ha il compito di separare, di indirizzare il visitatore verso l'allestimento quasi a dissimulare la presenza della massa architettonica del contenitore; nella realizzazione invece essa si "redime" entrando a far parte della composizione come telaio trasparente che anticipa la scansione dei piani geometrici interni. Se nella prima versione il visitatore era "guidato" all'interno, nella versione finale egli viene

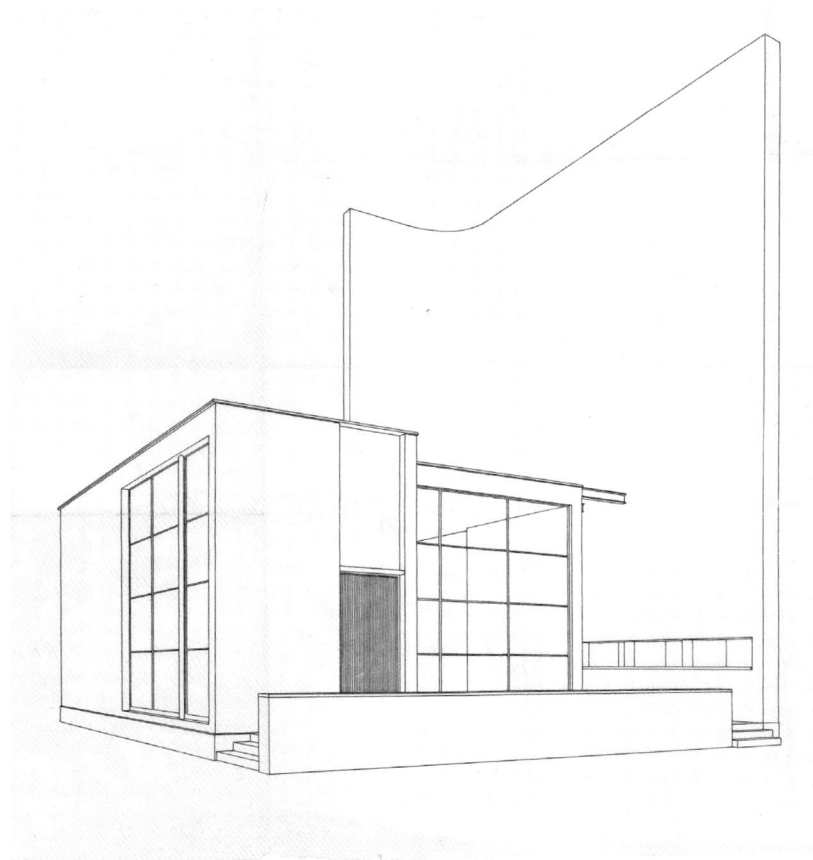

after being in a rather constricted space underneath a mezzanine, finds himself in the doubled hollow volume of the pavilion, where vertical and horizontal spatial leanings collide, giving birth to a sort of "zero gravity" place. Here the elements of the exhibition mysteriously seem to float, in what Federico Bucci will later call an "atmospheric space". It is the particular, all-Italian way of dealing with rationalism that marks this period as one of the most defining ones in Albini's career. A last remark: rather than being only "exhibitory devices", I would classify those pavilions as a new standalone architectural type, a new typological family that doesn't seem to have a defined evolution in time, but that depends mostly on the ability of the single architect to narrate a research program through the means and instruments of his own discipline, through mass, geometry and light. Albini proves his coherence and devotion to this very specific task, by focussing his own attention on every scale of the project, from the general architectural volume, down to the design of the window and door frames, of the lightning units and of the furniture. We have entrusted these pavilions, which at the time symbolically linked two distant towns, with the hard task of being the first works of the so-called "school of Milan" presented in this Series.

Mario Ferrari

"risucchiato". I sei portali basculanti in ferro e vetro dell'ingresso principale sembrano accentuare questa accelerazione verso lo spazio interno che, inizialmente compresso da un soppalco abitato, esplode con un fragore composto ma deciso nel doppio volume dove il verticale si scontra con l'orizzontale e, in uno spazio a "gravità zero", misteriosamente galleggiano gli elementi dell'esposizione inverando le qualità di quello "spazio atmosferico" narrato da Bucci.

È la "maniera italiana" di coniugare il razionalismo che fa di questo periodo uno dei momenti salienti nella carriera di Franco Albini.

Mi si consenta un'ultima nota: prima di consacrare i padiglioni INA quali "macchine espositive" azzarderei l'ipotesi che si tratti di nuovi "tipi" architettonici che, nell'albero della tassonomia tipologica hanno costituito un ramo importante che sembra non risentire tanto degli aspetti evolutivi cronologici (molti padiglioni contemporanei sono dei decisi passi indietro)

quanto invece della capacità di saper raccontare attraverso gli elementi della composizione (materia, geometria, luce) un programma di ricerca. E difatti, in tema di coerenza, dal materiale cartaceo del padiglione presente nell'Archivio della Fondazione emergono infine molti dettagli - come ad esempio l'abaco dei serramenti o le tavole di dettaglio degli apparecchi illuminanti o degli elementi di arredo - a testimoniare la volontà dell'architetto di coprire, in questo preciso momento, tutte le scale del progetto.

A questi due padiglioni, che simbolicamente avvicinano due luoghi distanti, il compito di introdurre nella collana le prime due opere della cosiddetta "Scuola di Milano".

Chiudo con il profondo rammarico nel costatare l'assoluto disinteresse da parte di entrambe gli enti fieristici per la nostra iniziativa che mi spinge a prospettare per l'architettura italiana, se possibile, tempi ancora più cupi.

Mario Ferrari

letture d'architettura: padiglioni ina per le fiere di milano e bari

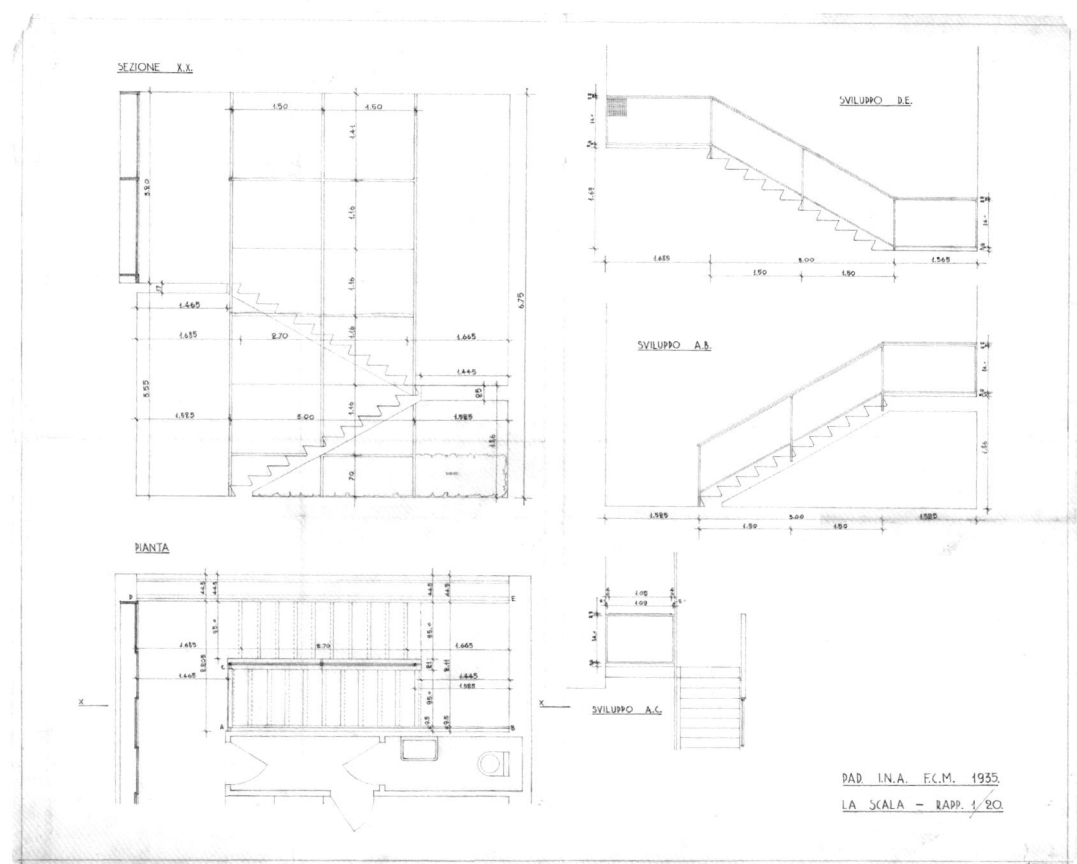

fig. 5.
Tavola esecutiva della scala in cemento per il padiglione milanese. Analogo elemento è presente nel padiglione di Bari a testimonianza della volontà di proporre elementi ripetitivi per le architetture "espositive".

11

L'ARCHITETTO

fig.6 Franco Albini fotografato da Irving Penn, 1948.

Franco Albini nasce nel 1905 a Robbiate, si laurea in architettura presso il Politecnico di Milano nel 1929 e nello stesso anno inizia a lavorare nello studio di Gio Ponti. Nel 1931, assieme a Giancarlo Palanti, avvia l'attività professionale a Milano. Nel 1932 incontra Edoardo Persico entrando in contatto con la redazione di Casabella e con il linguaggio razionalista che influenzerà il suo lavoro a partire dai padiglioni espositivi progettati dal 1933.

Dagli anni '30 prende parte ad importanti concorsi assieme a Ignazio Gardella, Giuseppe Pagano ed altri. Nel 1949 viene chiamato da Giuseppe Samonà presso l'Istituto Universitario di Architettura di Venezia in cui insegna fino al 1964, prima di trasferirsi al Politecnico di Milano. Gli anni '50 sono la stagione più felice e ricca di riconoscimenti per la carriera di Albini.

Il suo studio, che si avvale della collaborazione di Franca Helg (dal 1952), realizza i musei genovesi di Palazzo Bianco (1949-51), Palazzo Rosso (1952-1961) e del Tesoro di San Lorenzo (1952-56), il Magazzino La Rinascente a Roma (1957-61) oltre agli allestimenti espositivi e agli oggetti di design come la sedia "Luisa" (premio Compasso d'oro, 1955). Nei primi anni '60 entrano nello studio dell'architetto Antonio Piva (nel 1962) e Marco Albini (nel 1965), che assieme a Franca Helg continueranno il lavoro di Albini anche dopo la sua morte, avvenuta a Milano nel 1977.

LE FIERE DI MILANO E BARI

- MILANO. Nel 1920, presso i Bastioni ha luogo la prima edizione della "Fiera Campionaria di Milano" organizzata dal Regio Ente Autonomo Fiera Internazionale di Milano". Tre anni più tardi la manifestazione avrà luogo presso la "Nuova piazza d'Armi", attuale zona della stazione della metropolitana di Amendola. Qui l'attività espositiva si svolgerà fino al 1997, anno in cui l'evento viene trasferito nel nuovo quartiere fieristico di Rho. Attualmente la Fiera di Milano è costituita da due poli espositivi: il recente "Fieramilano", collocato fra Rho e Pero ed il più datato "Fieramilanocity" al Portello. La superficie espositiva dei due poli ammonta a circa 750.000 metri quadri che costituiscono il polo fieristico più grande d'Europa.
- BARI. Collocata di fronte al mare, nel settore nord della città, il nucleo della "Fiera del Levante" nasce nel 1929 grazie ad una collaborazione tra Comune, Provincia e Camera di Commercio di Bari. Il 1969 è l'anno dell'introduzione delle rassegne specializzate che hanno reso l'offerta molto più ampia, portando a circa quaranta le manifestazioni nell'arco dell'anno solare. Dai circa 100.000 metri quadri iniziali le sue dimensioni sono cresciute fino ai quasi trecentomila odierni costruendo una realtà in grado di innescare manifestazioni gemelle sulle sponde mediterranee dei paesi vicini. La demolizione di molti padiglioni, la costruzione di grandi volumi di non eccelsa qualità ed una gestione disattenta ne sta lentamente - ma profondamente -mutando l'immagine, banalizzandola.

figg. 7/8 Viste delle fiere di Milano e Bari negli anni '30.

fig. 9 Vista del Padiglione per la Fiera Campionaria di Milano. In primo piano i due telai esterni in cemento.

IL "RUMORE SOTTILE" DELL'ARCHITETTURA

Dirò subito del titolo, perché l'ho rubato da una bella espressione di Giorgio Manganelli dedicata ai libri "intensamente scritti", contenuta in un un articolo pubblicato su *Il Messaggero* il 26 marzo 1989:

"Posso dimenticare i nomi dei protagonisti, ma mi resterà in mente il rumore sottile della prosa. Sono inconfondibili: sono i libri che talora affaticano alla prima lettura, ma sbocciano superbamente ad una rilettura; e sono libri che vogliono la rilettura".

Quindi, se considero i progetti e le realizzazioni di Franco Albini come un libro, "intensamente scritto", che ho iniziato a leggere qualche anno fa, scoprendo la "poesia eccezionale" delle sue più belle pagine, l'idea del "rumore sottile" dell'architettura mi sembra calzare perfettamente sulla personalità e l'opera del protagonista dei miei studi che in questa occasione, grazie alla collaborazione dell'amico Mario Ferrari, si avvalgono della potenza disvelante del disegno.

In particolare, tornare agli anni del fascismo, in cui Albini è impegnato da solo o in collaborazione con altri sul fronte della "battaglia per l'architettura moderna", sotto l'ala protettiva della rivista *Casabella* diretta da Giuseppe Pagano e Edoardo Persico, mi permette di ripetere con maggior vigore le conclusioni critiche già formulate, con l'obiettivo di rifuggire da quelle superficiali interpretazioni che lo identificano solo come allestitore degli straordinari musei genovesi, oppure, paladino del rapporto con la storia e la tradizione sul quale si sono giocati

THE "SUBTLE NOISE" OF ARCHITECTURE

The first thing I'd like to tell you addresses the title of this essay, a title that I have borrowed from an article that Giorgio Manganelli wrote about "intensely written" books, published in the newspaper "Il Messaggero" on March 26, 1989:

"I might as well forget the names of the characters, but the subtle noise of prose I won't. You can't be mistaken: the books that are tiresome to read for the first time, but blossom when you read them twice, those are the books that seem to want to be read again and again".

When I regard the work of Franco Albini just as one of those "intensely written" books, that I've begun to read just a few years ago discovering the "exceptional poetry" of some of its pages, the very idea of the "subtle noise" of architecture seems to perfectly fit to the work and persona-

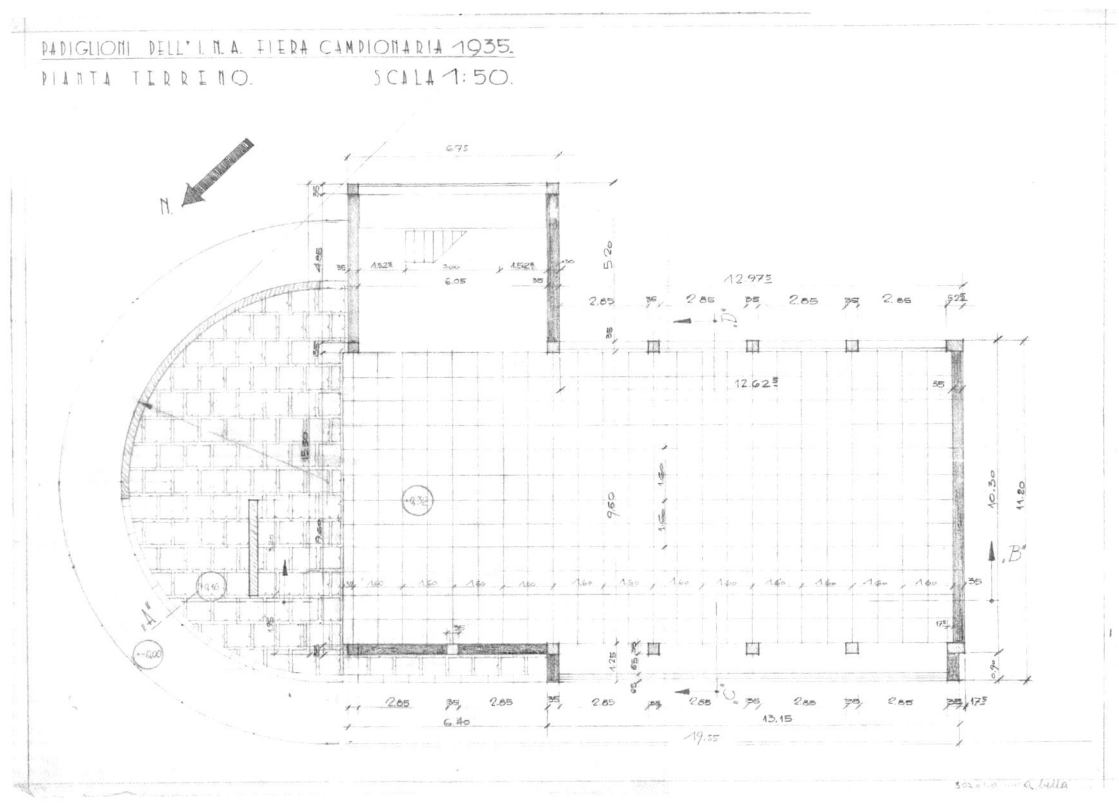

fig.10 Disegno dell'attacco a terra relativo alla prima versione del padiglione milanese. Si nota la presenza del setto murario "a vela" che disegna e delimita la piattaforma di accesso e la scansione geometrica della maglia 80x80 cm dalla quale genera tutta la composizione dell'edificio.

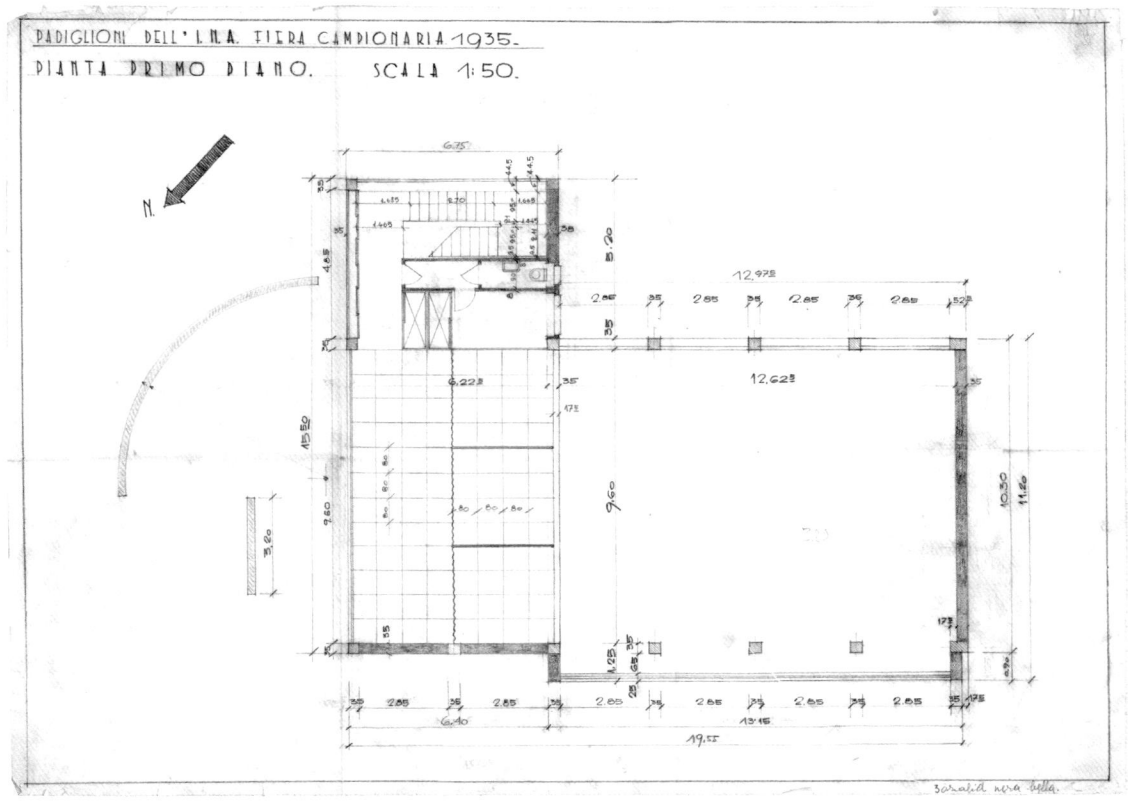

fig. 11. Pianta del piano soppalcato. Prima versione del padiglione milanese.

i destini dell'architettura italiana del dopoguerra.

In questo senso, per rafforzare le convinzioni esposte nelle precedenti occasioni, penso che il nuovo Padiglione permanente dell'Ina, realizzato da Franco Albini per la XVI Fiera Campionaria di Milano del 1935, possa essere considerato come il punto di partenza della singolare strada intrapresa dal giovane architetto "brianzolo".

Questa edizione della Fiera è assunta da Giuseppe Pagano come pretesto per diffondere su *Casabella* i contenuti della polemica razionalista: la "pratica utilità affaristica" dell'imprenditoria milanese ha infatti accolto con interesse il rinnovamento del linguaggio architettonico. Tra le "novità esteticamente ottime" che Pagano segnala e pre-

fig.12. Franco Albini, Padiglione Ina per la Fiera Campionaria di Milano, 1935.

senta sulla sua rivista, nel numero di maggio 1935, ci sono le sale della Montecatini firmate da Nizzoli, il padiglione del Rayon di Faludi e Palanti, lo stand della Parma e il nuovo padiglione di Albini. Quest'ultimo edificio, in mattoni e cemento armato con rivestimento di intonaco bianco, è una macchina espositiva permanente adatta ad ospitare i diversi allestimenti fieristici dell'ente, con i quali il giovane architetto aveva già avuto modo di confrontarsi negli anni precedenti. La soluzione definitiva messa a punto da Albini, ispirata dall'Ufficio del Lavoro di Vienna realizzato da Ernst Plischke nel 1932, comporta la costruzione di due volumi accostati e ordinati secondo una maglia modulare quadrata da 80 cm. Lo spazio espo-

fig.13. Ernst Plischke, Ufficio del Lavoro di Vienna, 1932. Dettaglio dell'involucro trasparente delle scale.

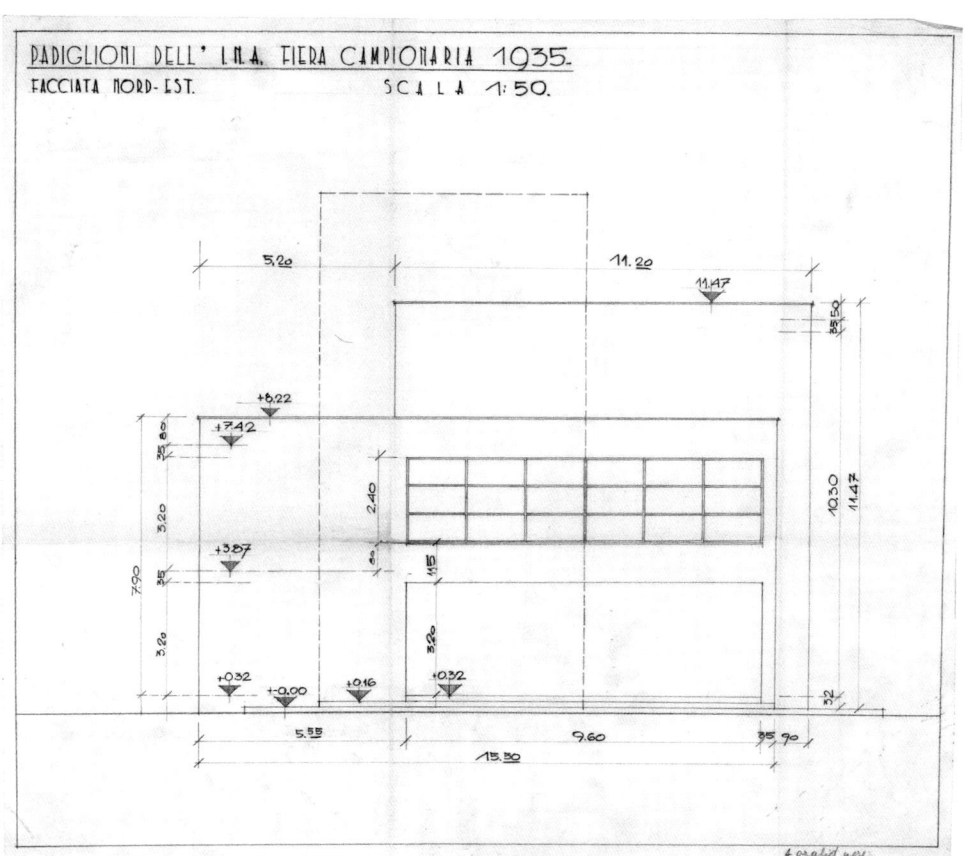

fig. 14. Vista prospettica della prima versione del padiglione per la Fiera Campionaria di Milano.

fig. 15. Prospetto della prima versione del padiglione milanese.

sitivo, largo 12 moduli e lungo 24, è diviso in due parti: un ingresso a due piani alto 8 moduli e un salone ad un unico piano alto 12 moduli. Sul pavimento il modulo è ben visibile, segnato da lastre di marmo bianco con un giunto a vista di 1,50 cm. Lungo i giunti sono fissati a terra i diaframmi di rete metallica che arrivano fino al soffitto, dove si trovano coppie di ferri a L per l'aggancio, mentre i pannelli di vetro retinato e di vitrex bianco trasparente reggono le immagini impaginate da Carla Albini. La luce entra dall'alto, lungo tre gole che attraversano tutto il salone, e dalla grande vetrata a nord, posta davanti alla maglia strutturale. All'esterno, un'altra orditura di sottili barre di ferro staccate dalla parete permette il montaggio di figure e immagini pubblicitarie. Su *L'Architettura* (agosto 1935), Saverio Muratori scrive che questo spazio:

"è una dimostrazione della varietà di effetti che un organismo così concepito può offrire specie quando, come qui, si faccia abbondante uso di materiali trasparenti, o semi trasparenti (cristalli e vetri opachi e retinati)".

Muratori cita una dichiarazione del progettista per esporre gli "speciali principi" sottesi alla costruzione:

"Un Padiglione di esposizione (...) pur essendo di struttura permanente, non deve essere stabile e definito in tutte le sue forme, ma offrire la possibilità di rinnovarne di volta in volta l'aspetto. Il suo interno deve avere perciò proporzioni tali da poter cambiare la mostra o con sistemazioni totalmente nuove, o disponendo in altro modo gli elementi già esposti, senza dover compiere sulla struttura, sul soffitto o sul pavimento opere di rilevante importanza, che richiedono ogni volta un ripristino quasi completo".

Il Padiglione Ina alla XVI Fiera Campionaria di Milano segna l'inizio di un'intensa attività per Albini. La sua carriera di "architetto

lity of the architect. A "second reading" confirmed that Albini's production simply cannot be narrowed - as it is often done - to the mere design of the extraordinary exhibitory spaces of his museums in Genova, nor to his strenuous defense of the relation between architecture, history and tradition, a debate that nonetheless played a pivotal role in the Italian architecture of the postwar period. Backing my statements on this very matter, which I've had the chance to express in other occasions, I will add that the permanent INA (National Insurance Institute) pavilion that Albini designed and realized for the 1935 "XVI Fiera Campionaria" in Milan, can and should be considered as the starting point of the young architect's personal professional path. The sixteenth Milan Fair was the chance for Giuseppe Pagano to divulge the themes of the Rationalist polemic on the pages of Casabella: the businessmen and entrepreneurs of Milan had proven to be rather interested in the renewed architectural language of Rationalism. Among the "aesthetic standouts" of the fair, presented by Pagano in the magazine issue of May 1935, along with the Montecatini halls by Nizzoli, the Rayon pavilion by Faludi and Palanti and the Parma stand, is Albini's new pavilion. This building - made of reinforced concrete and

fig. 16. Padiglione Ina per la Fiera Campionaria di Milano. Immagine notturna: in primo piano l'apparato decorativo ideato da Carla Albini.

letture d'architettura: padiglioni ina per le fiere di milano e bari

fig. 17. Padiglione Ina per la Fiera Campionaria di Milano. Nel raffronto tra l'immagine della realizzazione e la prospettiva della prima versione da analogo punto di vista emerge con chiarezza la differenza sostanziale tra le due modalità di accesso allo spazio espositivo.

letture d'architettura: paciglioni ina per le fiere di milano e bari

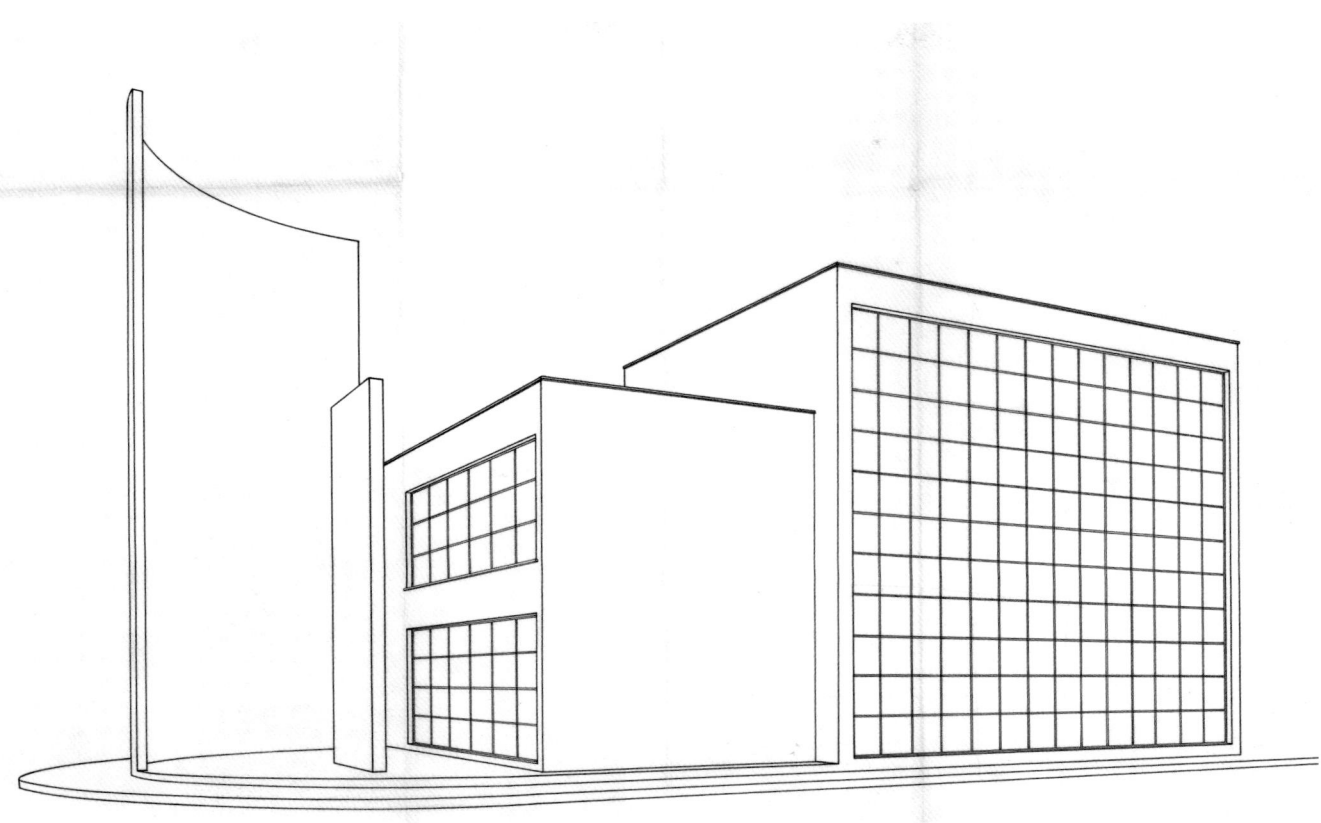

fig. 18. Vista prospettica della prima soluzione del padiglione milanese.

20

21

19

razionalista" è decisa dall'incontro con Persico, quasi coetaneo, con il quale egli stringe saldi rapporti di amicizia che coinvolgono anche la sorella Carla, avviata alla carriera di pittrice. Il lavoro di Albini, capace di tradurre la propria ricerca estetica "in un atto di coscienza: cioè, in stile", diventa così un punto di riferimento per esprimere i contenuti morali della modernità con i quali Persico si identifica. Secondo il critico napoletano, il "nostro europeismo" trova nella città di Milano un fertile terreno di sviluppo:

"L'idea di una nuova architettura milanese"

si legge su *L'Italia Letteraria* l'8 aprile 1934

"deve vivere, perciò, a contatto con le correnti europee più estreme, rinunziando a tutte le approssimazioni, e custodendo l'utopia generosa della città nuova".

E forse non a caso, a fianco alle opere di Albini, in questa dire-

fig. 19. Padiglione Ina per la Fiera Campionaria di Milano. Vista della sala espositiva

figg. 20 e 21. Padiglione Ina per la Fiera del Levante di Bari. Vista dal viale pedonale e dettaglio dell'ingresso.

fig. 22. Padiglione Ina per la Fiera del Levante di Bari. Vista della sala espositiva.

fig. 23. Padiglione Ina per la Fiera Campionaria di Milano: vista dell'interno dal piazzale di accesso.

letture d'architettura: padiglioni ina per le fiere di milano e bari

fig. 24. Padiglione Ina per la Fiera Campionaria di Milano: vista del disimpegno di distribuzione sul soppalco.

brick walls covered by white plaster - is indeed a true "exhibitory device", designed to house the various exhibitions INA had planned for this and other fairs. Albini's definitive design for the pavilion, had been inspired by Ernst Plischke's 1932 Labour Exchange Office in Vienna. The building is born of the intersection of two smaller volumes, both proportioned and structured with a square module of 80 x 80 cm; the exhibition space, 12 modules in width and 24 in length is divided in two separate areas: an entrance on two floors covering a height of 8 modules, and the main hall, 4 modules higher than the first. The very geometry of the module itself can be read on the floor, where it is marked by 1,50 cm wide joints between the marble slabs. Along some of those joints are anchored metal net panels, running all the way up to the ceiling, where they are hung on pairs of L-shaped steel profiles. On those very panels are fastened either white "vitrex", or wire glass sheets carrying some images Carla Albini had chosen and prepared. Daylight breaks into the hall through three long apertures on the ceiling running for the whole length of the room, and from a wide glazed opening on the northern side. Images and advertisement could have been hung outside of the building as well, on a frame of tightly intertwined metal bars. Saverio Muratori wrote about the pavilion on the magazine "L'Architettura" in August 1935, meaning that Albini's design was:

"a practical demonstration of the variety of effects that such an architectural organism can provide, especially when using transparent or semi-transparent surfaces (such as, for instance opaque glass or wire glass)".

Muratori continued in his review with a quotation of Albini's words regarding the "special principles" that guided the construction:

"A pavilion intended for exhibitions (...) even if planned as a permanent structure, cannot be designed to have a determined and definite shape, for it must be

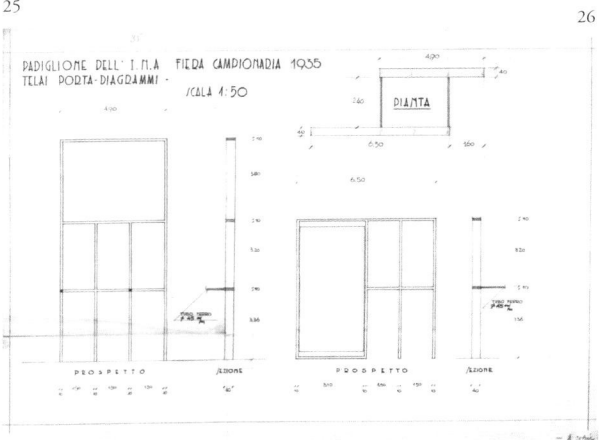

fig. 25. Padiglione Ina per la Fiera del Levante di Bari. Vista del telaio espositivo.
fig. 26. Padiglione Ina presso la Fiera Campionaria di Milano. Disegno costruttivo del telaio espositivo. Si notano le sostanziali differenze rispetto a quello progettato per il padiglione barese.

zione "europea" necessaria per lo sviluppo del razionalismo italiano, Persico nei suoi scritti ricorda solo la Casa del sabato per gli sposi costruita da Banfi, Belgiojoso, Peressutti e Rogers, insieme a Portaluppi, alla VI Triennale di Milano e il restauro del Teatro Sociale a Busto Arsizio di Ignazio Gardella e Antonio Ferrario.

Il consenso raccolto dal Padiglione Ina spinge Albini a replicarlo, nel settembre dello stesso anno, per la Fiera del Levante di Bari: l'unica differenza sta nella serie di elementi vegetali collocati alla base della grande parete vetrata. Persico ne pubblica le immagini su *Casabella* (ottobre 1935) commentando che

"certe opere, intellettualissime e raffinate come i padiglioni dell'Ina, provano che i giovani architetti vanno creando uno stile realmente italiano nell'ambito del gusto europeo".

E poi conclude il testo con una riflessione che consacra definitivamente il suo autore:

"Le opere dell'Albini, nell'indirizzo del razionalismo tedesco o svedese, sono riconoscibili come nostre per la schietta personalità del progettista. I pilastri arretrati nel padiglione di Milano, e l'impostazione della scala in questo di Bari, non hanno nulla a che vedere con modi stranieri. L'architettura è, quindi, riconoscibile come italiana, perché senza rinunziare a nessun elemento di una comune civiltà si risolve in motivi assolutamente originali. La speranza che architetture di questo genere trovino, contro ogni dissenso, la loro realizzazione è sottintesa, e fervida come un voto che il paese, oggi più che mai, rifletta nelle opere dei giovani una viva coscienza tecnica, e un gusto assolutamente moderno".

In questo modo Persico coglie i motivi dell'opera di Franco Albini, risolta nella messa in scena di spazi in cui la dimensione onirica trasfigura la realtà della storia, secondo un metodo progettuale che l'architetto affina individualmente nel periodo tra le due guerre.

La spazialità albiniana prende forma a partire dal disegno della planimetria. Il primo illuminante esempio in questo senso è costituito dall'elemento-tipo del Quartiere Fabio Filzi, l'"oasi di ordine" costruita da Albini, Camus e Palanti tra il 1936 e il 1938 in viale Argonne a Milano: un saggio di razionalità distributiva impegnato a sciogliere le ristrettezze normative imposte alla casa popolare.

Lo "stile di Albini" è coerente, rigoroso, quasi maniacale nell'attenzione riservata allo studio del dettaglio, ma nel contempo suscita sempre nuove emozioni con sorprendenti tracce che marcano lo spazio. La peculiarità di questa condotta è radicata negli anni della formazione: l'Albini "razionalista", cresciuto nell'ambiente della rivista *Casabella* diretta da Persico e Pagano, non dimentica infatti quello "novecentista", che subito dopo la laurea, lavorando con

Lancia e Ponti, si confronta con la tradizione classica e la produzione artigiana del mobile lombardo. L'architettura di Franco Albini, capace di coniugare la poeticità della vita e la realtà dell'organizzazione sociale, diventa così una bandiera per la Scuola di Milano. Nei suoi progetti Albini svela le vibrazioni dei materiali, l'odore del silenzio, il colore delle passioni, in una ricerca che non manifesta alcun cedimento nostalgico. Gli oggetti sospesi nello spazio non intendono rivelare alcun ricordo, bensì interpretano poeticamente i segni del tempo e aprono le vie della creazione del nuovo, perché la memoria è sempre declinata al futuro.

Il Padiglione Ina del 1935 per le fiere di Milano e Bari, la Mostra dell'antica oreficeria italiana, la Stanza per un uomo e la Stanza di soggiorno in una villa, allestite alla Triennale di Milano nel 1936 e nel 1940, la villa Pestarini (1938), i quartieri dell'Ifacp (1932-42) e l'appartamento di via De Togni (1940) a Milano, la sistemazione di villa Neuffer a Ispra (1940) e la mostra delle opere di Scipione alla Pinacoteca di Brera (1941), possono essere considerati i più importanti approdi di un lavoro che si pone come obiettivo la progettazione di uno spazio elegantemente distaccato dalle incertezze del mondo. Sono gli stessi nuovi maestri di Albini a segnalare, nel giovane architetto, i segni di una precoce maturità stilistica. Persico usa una definizione, quella di "razionalismo artistico", che con un ossimoro lascia intendere l'affascinante percorso intrapreso dall'architetto. Mentre Giuseppe Pagano, pubblicando su *Casabella-Costruzioni* (ottobre 1939) la prima casa unifamigliare costruita da Albini, la villa Pestarini a Milano, terminata nel 1938, non fa altro che confermare anch'egli la presenza di una felice "razionalità artistica". Cosa significa, per Persico e Pagano, la capacità di intrecciare la spiritualità dell'arte e la realtà dell'organizzazione sociale se non il punto di approdo del linguaggio moderno?

La coerenza, l'essenzialità, il rigore di Franco Albini non sono altro che maschere con cui la critica ha interpretato una silenziosa eloquenza, nella quale convivono la razionalità con il sogno, il metodo con l'invenzione, la misura con la

letture d'architettura: padiglioni ina per le fiere di milano e bari

fig. 27. Franco Albini, Villa Pestarini a Milano, 1938

sorpresa. Guidato dalla geometria cartesiana Albini progetta i suoi "spazi atmosferici". L'uso del termine si deve a Giovanni Romano che su *Domus* (nel numero di luglio 1941), presentando il nuovo appartamento che Albini progetta per se stesso a Milano, in via De Togni, evidenzia l'originale valore poetico del linguaggio utilizzato dall'autore, da ricercare nelle

"composizioni di volumi atmosferici e di volumi solidi, che si compenetrano e si compongono nello spazio, secondo rapporti armonici".

Ne deriva, continua Romano,

"un'architettura che si vale degli spazi atmosferici, delimitati anche solo idealmente per accenni, come di elementi architettonici, componendoli con elementi architettonici costruiti"

33

able to change accordingly to each exhibition. The proportions and features of the interiors must be designed so that they can adapt to what is shown, either rearranging the exhibitory elements or imagining new ones, without having to modify neither the structure nor ceilings and floors of the building".

The INA Pavilion for the XVI "Fiera Campionaria" in Milan marked the beginning of a period of intense activity for Albini; his career as a Rationalist architect advanced when he happened to meet and befriend Persico (almost of the same age as Albini himself) and his sister Carla, who was at the time moving her first steps as a painter. The production of Albini, that managed to develop a bare aesthetic research into a "conscious act, in a style", became a way of addressing the moral issues of modernity, a theme so very dear to Persico. In the pages of "L'Italia Letteraria" on April, 8 1934, Persico admits Milan to be a fertile ground for cultivating their Europeanism:

> "The spirit of a new Milanese architecture, must keep close to the most radical European ideas, without any sort of compromise, and must remain faithful to the utopia of a new city".

It is by any means a chance that Persico aknowledges, along with the work of Albini, only very few other buildings as examples of this "European direction" for Italian Rationalism, such as the "Casa del come nel caso delle due aste di ferro tra pavimento e soffitto che portano i quadri di famiglia (nel soggiorno e nella camera matrimoniale) permettendone un'esposizione aperta a differenti punti di vista dell'ambiente.

L'analogia tra lo spazio domestico e quello espositivo è dunque uno dei punti di forza dell'architettura di Albini in quella stagione d'oro per la sua carriera che va dalla metà degli anni Trenta fino alla fine della guerra.

Come nell'arredamento della sua abitazione, negli allestimenti di Albini troviamo una serie di segni che definiscono le qualità spaziali e temporali dell'architettura mediante il riconoscimento di una tradizione intesa come "moto continuo di vita". I diaframmi trasparenti dei padiglioni fieristici, gli oggetti sospesi su aste delle mostre allestite alla Triennale di Milano, le scale tenute insieme da esili tiranti, la geometria e le superfici materiche, sono metafore per raccontare l'esistenza umana, tenacemente appesa al filo della sua dimensione etica. Gli oggetti vivono e producono meraviglia perché Albini sospende nel vuoto la loro rappresentazione, stimolando la nostra "immaginazione spaziale", secondo un procedimento riassunto in modo esemplare nella libreria Veliero, pensata dall'architetto per la propria casa nel 1940.

In questa concezione, l'emozione estetica suscitata da un'opera d'arte o lo stupore di fronte a una novità della tecnica, o semplicemente una serie di comunicazioni pubblicitarie, sono intensificati da uno spazio che pone il pubblico/abitante nella condizione di esprimere un giudizio sulle ragioni delle creazioni del passato o del presente per svolgere un'azione sul futuro.

Un'attenta osservazione degli allestimenti interni realizzati da Albini porta a cogliere la composizione di un "ambiente nell'ambiente".

L'architetto traccia innanzitutto una griglia geometrica - ben evidente, ad esempio, sui pavimenti dei padiglioni fieristici progettati per l'Ina - poi procede disponendo una serie di elementi costruiti che a loro volta sostengono gli oggetti da esporre (i famosi "telai orizzontali e verticali" continuamente perfezionati a partire dal 1934). Infine, l'atmosfera è resa "vibrante" attraverso soluzioni che, di volta in volta, caratterizzano i vuoti scandendone il sorprendente ritmo fatto di aria e di luce. Lo spazio, o meglio, l'atmosfera dell'ambiente progettato, utilizza così come fondale una rigorosa geometria costruttiva, con chiari riferimenti all'arte astratta, ma la sua composizione procede per elementi impressionistici che porgono al visitatore dipinti, sculture, oggetti d'arte industriale.

La definizione di un Albini "impressionista" è stata usata da Carla Albini Zanini su *Costruzioni-Casabella*, nel numero di gennaio 1941,

fig.28.
Franco Albini, arredamento di casa Albini in via De Togni, Milano, 1940.

fig.29.
Franco Albini, Ampliamento del Padiglione Montecatini, Fiera Campionaria di Milano, 1940.

in un articolo dedicato alla Stanza di soggiorno in una villa che il fratello Franco aveva esposto alla VII Triennale. Il testo, con la sua apertura fortemente critica nei confronti dell'esposizione, fa supporre un'attenta regia di Giuseppe Pagano, direttore della rivista. Albini, dal canto suo, ormai conquistato dall'ascetico voto al silenzio e fedele all'immagine dell'architetto che parla disegnando, pubblica in questo articolo una serie di tavole, redatte sul modello della manualistica tedesca, da cui si evince la cura dedicata alla precisione tecnica di ogni dettaglio. Ma il commento della sorella, invece, svela i veri obiettivi di questo allestimento:

"L'ambiente assume così un immediato valore compositivo che afferra a prima vista, facendo passare in secondo piano i suoi problemi razionali e pratici, per dare prima di tutto una emozione es-

fig.30. Franco Albini, Stanza di soggiorno in una villa per la VII Triennale di Milano, 1940.

senzialmente estetica come potrebbe dare un quadro o una statua".

La "sensibilità impressionistica" che Carla Albini intravede nella Stanza di soggiorno in una villa, dichiarando il suo debito con la "profezia" di Persico, fa emergere di nuovo la duplice natura dell'opera di Albini.

Gli abitanti della sua "stanza" vivono attorno ad un albero, salgono su scale appese a fili, siedono su altalene a righe bianche e azzurre volgendo le spalle al cielo dipinto, camminano su pavimenti di beola grigia e di larice, su un tappeto rosso o addirittura su un prato fiorito protetto da lastre di cristallo temperato e contemplano opere d'arte e una gabbia per uccelli. Sono tutti elementi di una spiritualità interiore quelli che Albini mette in scena nella razionalità dello spazio domestico. Gli oggetti si smaterializzano, i loro caratteri costruttivi si dissolvono nella luce e nel colore. Citando ancora Persico, il "razionalismo artistico" di Albini è diretto "oltre l'architettura", verso la vita "dell'uomo moderno", ma contemporaneamente, di quella vita ricerca il personalissimo equilibrio tra valori estetici e morali.

L'Italia è in guerra e il regime fascista si avvia a recitare il suo tragico finale. Nel febbraio 1944, sulle pagine della rivista *Stile*, Gio Ponti tesse un'ampia lode del "gusto di Albini":

"Quest'uomo calmo, artista, taciturno ed elegante anche di figura, contenutissimo nei modi, e nella voce, si muove agevolmente fra queste sue cose che son tese come silenti strutture musicali: le sensazioni che esse danno son visive, non sono di slancio e di movimento, sono dipendenti dal 'lavoro' dei materiali, le diresti in noi sensazioni 'nervose': le sue forme le sentiamo in noi per similitudini e contrazioni nervose, come quando ripetiamo in noi, contraendoci per tensioni interiori, lo slancio di un saltatore o lo sforzo e l'azzardo d'un acrobata".

L'affascinante metafora è legittimata da quella sottile trama di aste che Albini impiega nei suoi migliori allestimenti e Ponti, dopo aver dichiarato di trovarsi di fronte a "un artista che si fida, che crede, nell'ingegnere che ha in sé" ed aver messo in guardia i lettori da quei giovani architetti che "albineggiando, asteggiano a tutt'andare, anche dove egli non lo farebbe certamente", chiude il suo scritto con una meditata valutazione degli "interni di Albini", ospitali ambienti di "una vita chiara ed ordinata, illuminata da una disciplina interiore, da una civiltà".

Ma in mezzo a tutte queste lodi c'è una nota critica, neanche troppo velata, indirizzata all'architettura della Villa Pestarini, nella quale, dice Ponti,

"vediamo un Albini che non ha ancora maturate le sue risorse personali e riecheggia motivi e partizioni che diremmo

sabato per gli sposi" (Saturday house for the newlyweds) designed for the 6th Milan Triennale by Banfi, Belgiojoso, Peressutti and Rogers together with Portaluppi, and the refurbishment of the Busto Arsizio Social Theatre by Ignazio Gardella and Antonio Ferrario: two architectures that unveil the true character of the "school of Milan". The success gathered by the INA Pavilion, convinced Albini to replicate the same design - except for some small changes - for the Fiera del Levante in Bari, just a few months after the Milan pavilion had been completed. Persico publishes some pictures of both the pavillions on the October 1935 issue of Casabella, adding that:

"works as highly intellectual and refined as the INA pavilions, prove that young architects are indeed shaping a true all-Italian style in the wider frame of the European taste".

The essay ends with a statement that extols, once and for all, the work of the architect:

"The work of Albini, when compared to examples of German or Swedish Rationalism, stands out as our own thanks to the strong personality of the author himself. The rearward columns of the Milan pavilion, the staircase of the pavilion in Bari, share nothing of those foreign examples. Their architecture is nothing but Italian, for it manages to be at the same time part of a wider, common architectural culture, and wholly original in every aspect. The hope is strong, that such architectures will be - against all odds - built in even larger number, and that our country will find in the works of those young authors, a lively technical conscience, and a truly modern taste".

In this way Persico defines the themes of Albini's work, which becomes essentially the play of spaces where the oneiric dimension transfigures the reality of history, through a design method that the architect refines in the period between the wars.

The spaces of Albini's works take their moves from the design of the plan. The first clear example of this, is the housing-module of the Fabio Fitzi residential quarter, the "oasis of order" built between 1936 and 1938 by Albini, Camus and Palanti in viale Aragonne in Milan: a display of rational distribution that deals with the firm rules and restrictions of social housing. The "style of Albini" is coherent, rigorous, and obsessive about details, but is at the same time able to arouse every time new emotions through astonishing traces in space. The origins of this style reside in the architect's formation: he was involved in the circles of Italian Rationalism, through Persico and Pagano's Casabella, but proved not to have forgotten the lesson of the "Novecento style", that he had received immediately after his studies, working with Lancia and Ponti, and dealing with the classical tradition and handcraft of the Lombard furniture production. The work of Franco Albini, that could so skillfully join the poetry of life with the reality of social organization, rose to represent the "school of Milan" as a whole. Its defining feature was a silent eloquence, where rationality and dream, method and invention, moderation and surprise were able to coexist, in projects where even the subtle vibrations of materials, the smell of silence, the colour of passions could have been experienced, all without the faintest hint of nostalgia. In fact, the objects suspended in space did not wish to recall any memory at all, but attempted to poetically interpret the signs of time, and give birth to something new, for memory was, in his work, always reaching for the future.

The 1935 INA pavilions for the Milan and Bari trade fairs, the exhibon of ancient Italian goldsmith's art, the "Room for one man" and "Living room in a villa" shown at the 1936 and 1940 Milan Triennales, Villa Pestarini (1938), the Ifacp residential quarters (1932-42), the via De Togni flat in Milan (1940), the refurbishment of Villa Neuffer in Ispra (1940) and the exhibition of the works of Scipione in the Brera Pinacoteca (art gallery), can by all means be considered the most important results of a research that has the goal of designing a space slightly detached from the uncertainties of the world. Even the very masters of Albini's formation, acknowledged the early stylistic maturity of their pupil. Persico talked of an "Artistic Rationalism" in the young architect's work, using an oxymoron that hints at the fascinating

path Albini had chosen for himself. The same expression was written in an article in the October 1939-issue of Casabella-Costruzioni by Giuseppe Pagano, about the first single-family house Albini had designed and realized, the 1938 Villa Pestarini. What was, for Pagano and Persico, the ability of intertwining the spirituality of art and the reality of social organization, if not the very goal of the language of modern architecture? The coherence, the terseness, the rigour of Franco Albini are then nothing but masks that critcs have used to interpret the architect's silent eloquence, where rationality and dream, method and invention, moderation and surprise, can and do coexist. With the guidance of Cartesian geometry, Albini designed his "atmospheric spaces". This definition has been coined by Giovanni Romano, when, on July 1941, he was asked to write on the magazine "Domus" about the new flat Albini had imagined for himself in via De Togni in Milan. In this article Romano focused his attention on the original value of the architect's poetic language, that stemmed from the:

"composition of volumes, both atmospheric and solid volumes, that are harmonically joined in space".

This language led to an architecture that

"uses atmospheric spaces, even if their boundaries are not clear, as architectural elements, combining them with built parts";

this happens, for instance, with the two iron bars stretching from the floor to the ceiling that sustain the family pictures (both in the living room and in the main bedroom), allowing, this way, to perfectly see them from several points of view. This very particular similarity in the design of Albini's domestic spaces and exhibitory spaces became one of the strengths of his production in the prolific years between the second half of the Thirties and the end of the war. In Albini's exhibitions as well as in the design of his own flat, we can find a series of signs that define both the spatial and the temporal qualities of architecture, by understanding tradition as an unabrupted life flow. The transparent walls of his pavilions, the objects anchored on metal bars in his Triennale exhibitory systems, the staircases suspended on thin tie rods, the geometry and materials of his works, are all metaphors for human existence, strenuously hanging by the thread of its ethical dimension. Objects come to life and astonish those who look at them, when Albini suspends them in an empty space; our "spatial imagination" is awaken and stimulated, following the very same process the architect made clear with the design of the Veliero bookshelves for his own house in 1940. In this way, any aesthetic emotion aroused by a work of art, any marvel towards new developments of a technology, any advertisement, any visual communication is enhanced by the empty space around the object, a space that allows the public/ the ones that live in his houses to be in the ideal condition for judging the reasons of what has been done or is being done, and for acting in the future. When carefully looking at Albini's interiors, one can discover a "space-within-a-space". First, the architect designs a geometric grid - abundantly clear in the INA pavilions, where it is even marked on the floor pattern - and then places physical structures in this very grid that have to hold, to suspend, the objects (his famous "vertical and horizontal frames" which he continuously perfected from 1934 on). The atmosphere of the places he had so conceived, is then made "vibrant" by very particular solutions he develops each time to establish a rhythm made of empty spaces and of light. On a stage made of the rigorous geometry of construction, he enacts a rather impressionist sort of composition, that presents, that offers to the visitor paintings and sculptures as well as industrial art objects. In the January 1941 issue of "Costruzioni-Casabella", Albini has been for the very first time addressed as an "impressionist" by his own sister Carla Albini Zanini, who coined the expression in an article she wrote on the "Living room in a villa" her brother had planned for the VII Milan Triennale. The harsh criticism she directed at the exposition, suggests the influence of Giuseppe Pagano - at the time director of Casabella - on her writing. Albini remains,

più di certe 'annate' dell'architettura razionale che non tutte sue: ma ciò è capitato a tutti, specie agli inizi".

Quando Ponti firma queste note, Albini non ha ancora compiuto quarant'anni, è nato il 17 ottobre 1905 a Robbiate, in Brianza, ma è già un maestro molto seguito e ammirato: in poco più di dieci anni di carriera ha messo in fila una straordinaria serie di opere celebrate dal pubblico e dalla critica e si appresta a chiudere la prima e irripetibile fase della sua carriera.

La guerra distrugge ogni cosa e la Ricostruzione trasforma gli obiettivi degli architetti italiani. Il Rifugio Pirovano, realizzato nel 1949, si configura come una dichiarazione di superamento delle battaglie dell'avanguardia. E di lì a poco, il tema del museo, con il serrato confronto tra l'arte e la storia, offrirà ad Albini la grande occasione per rinnovare la "poesia eccezionale" scritta nei suoi allestimenti interni.

Il Padiglione Ina del 1935 rappresenta così una testimonianza della difficile e forse impossibile strada tentata da Albini nella cultura architettonica dell'Italia fascista: un itinerario personale lontano dagli equivoci retorici - sia della "accademia" e sia della "mediterraneità" - e orientato, secondo le indicazioni di Persico, ad interpretare il "segreto religioso", il "sistema di morale" dell'architettura moderna nordeuropea.

Per questo motivo, vorrei chiudere con la seguente nota che Carlo De Carli, preside della Facoltà di Architettura del Politecnico di Milano tra il 1965 e il 1968, ha dedicato a Franco Albini, che in quegli anni della contestazione insegnava nella stessa scuola, soffrendo molto gli eccessi delle manifestazioni politiche:

"Perché il suo grande merito fu di avere fiducia nel valore dell'Architettura; nel perfezionamento della via scelta, cioè nell'analisi, nell'approfondimento di una presa di coscienza di quell'Architettura che riusciva ad aprire il dialogo con le complessità dell'intorno, senza cedere al suo rigore di comportamento; la fatica fu quella di rifiutare i tempi immediati d'intervento da parte di qualsiasi atto (anche politico) che volesse 'porre condizioni' al formarsi e allo svolgersi dell'Architettura verso strutture che avessero misura, equilibrio, essenzialità, unici elementi di lotta ritenuti efficaci contro qualsiasi retorica esibizionistica".

letture d'architettura: padiglioni ina per le fiere di milano e bari

fig. 31/32. Padiglioni Ina per le Fiere di Milano (a sinistra) e di Bari (a destra): viste del sistema espositivo dallo spazio sottostante il soppalco.

41

nonetheless, faithful to his vow of silence, to the ideal of the architect that speaks only through his drawings, and publishes for this article some very technical and accurate designs, on the model of German manuals. The real intentions of the architect surface anyhow, as his sister writes:

"The atmosphere gains a very clear and immediate value in the composition, not regarding practical or rational issues, but, quite on the contrary, to convey an aesthetic emotion, as a painting or a statue could".

The "impressionist sensibility" that Carla Albini glimpses in the "Living room in a villa" - stating her debt to Persico's "prophecy" - is nothing but a confirmation of the actual dualism in the life's work of Franco Albini. When in his "room", one lives around a tree, climbs stairs hanging on threads, or sits on seesaws painted in white and light blue under a painted sky; one walks on floors of grey beola and larch wood, or on a red carpet, or even on a flowery lawn protected by sheets of tempered glass, while gazing at an artwork or at a birdcage. Those objects build up a particular kind of spirituality of the domestic space, so very dear to Albini. Objects lose their mass and shape in the light and in the colour. As Persico himself said, Albini's "artistic Rationalism" goes "beyond architecture" and towards the life "of the modern man", but reaches at the same time for a very personal sort of balance between aesthetic and moral values. Italy is at war, Fascism is about to stage its tragic finale. In February 1944 Giò Ponti, writing on the magazine "Stile", praises loudly the "taste of Albini":

"This quiet man, this artist, silent and elegant at the same time, poised and composed in his manners and in his voice, deals nonetheless easily with the things he does, that are taut as mute musical instruments: the sensations they convey, are neither of movement nor of impetus, but visual, so very tightly linked to the effect of materials; they appear us to be almost nervous sensations, for we feel their shapes through empathy, through nervous contractions, as if we mimicked with our body the intimate tensions, the dash of a jumper, the strain and hazard of an acrobat".

This elegant metaphor relates to that sheer weave of bars Albini uses in some of his best exhibition designs; Ponti continues in his writing saying that he saw in Albini "an artist that trusts, that believes in the engineer within himself", and furthermore warning any young architect that might "pretend to be Albini, and design bars and nets even where he never would have had imagined to". Drawing to a conclusion of the article, Ponti focuses his attention on the interiors designed by Albini, welcoming stage "for a clear and structured life, lit by a severe personal discipline, lit by a civilization". Among all the praises, Ponti includes a criticism as well, that is on the architecture of Villa Pestarini, where:

"Albini is not fully mature, does not exploit his own personal skills, but rather relates to the rationalist architecture of some very specific years he didn't have any part in: one must admit, anyway, that this is a mistake common to many of us, especially at the beginning of our own productions".

When Ponti wrote his article, Albini hadn't turned 40 yet: he was born October 17, 1905 in Robbiate, in the Brianza region. Despite his rather young age, he is already an architect, who is admired and revered by many: little more than ten years of career - so much has lasted this first, fecund period of his career - were enough for him to produce an extraordinary number of works praised as highly from the public as from the critics. As war and destruction drew to an end, the necessary task of reconstruction radically transformed the means and goals of Italian architects. The Pirovano Shelter, brought to completion in 1949, is the architect's statement that marks the end of the fierce struggles of the Avant-garde period; not long after that, his museums, where he was compelled to deal with art as well as with history and tradition, became the opportunity to rekindle and evolve his "exceptional poetry". The 1935 INA pavilion stands, then, as a testimony of the difficult, even impossible direction Albini's research tried to follow in the years of Fascism: a very personal direction, one must add, detached from both the rhetoric of the academy, and the appeal to the vague idea of a common Mediterranean style; his research firmly aimed -as Persico had suggested - at interpreting the "religious secret", the "moral system" of the modern North European architecture. For this very reason I'd like to close this essay with a note Carlo De Carli - dean of the Faculty of Architecture of the Polytechnic University of Milan between 1965 and 1968 - wrote for Franco Albini, who - even if deeply suffering for the excesses of the student protests of the time - lectured in that very school in those troubled years:

"His greatest merit has been to have faith in the value of Architecure; he had faith in perfecting the path one has decided for his own work, in the analysis, in an Architecture able to face the complexities of its surrounding, but without losing its rigour. His true effort has been, on the other hand, to turn down anything that might have conditioned or slowed the development of Architecture towards structures full of measure, balance, terseness, as opposed to any sort of exhibitionism of rhetoric".

fig. 33. Edoardo Persico, Marcello Nizzoli, Giancarlo Palanti (scultura Lucio Fontana), Salone d'Onore per la VI Triennale di Milano, 1936.

fig. 34. Edoardo Persico, Marcello Nizzoli, Sala delle Medaglie d'Oro, Mostra dell'Aeronautica Italiana, 1934.

Proportions and form of the Pavilions in Bari and Milan Fair

What follows have been traced using the stile of the series: the highest grade of clearness and sharpness of the new drawings shows differences and identities of the two objects built in the 1935 Bari and Milan exhibition. In the first part (dr.I-XXVI) an accurate lecture through geometry and perspectives have been made. In the second part (dr.XXVII-XL) the two buildings have been physically compared after a short description of the Bari pavilion by the Author. Both of them have the principal remark in the inversion between interior and exterior, architecture and exhibition. The need of communication comes to to remove of some elevations and physically substitute them with glazed and transparent surfaces. The strong relation with the exterior space (unusual in the pavilions, planned to be closed and to only express a form), barely shown by the original photos of the architect's Archive, thanks to those new drawings makes clear the interior-exterior relationship also enhanced by the loss of all decorations. In this struggle the inner space want to annihilate the outer space. The drawings from dr. XXII to XXIV separate the content by the skin to explain the Albini's concept of autonomous inner space. The exploded axonometric view (dr.XXI) clearly explain the"brake the box"method by the Architect. To remove the decorations gives to the transparent inner panels a new role beyond the mere exhibition one: they measure and scan the space; their aim is to increase the deepness of the hall and to multiply the complexity of the space by fragmentation of the exhibition surfaces.

LETTURA FORMALE
DEI PADIGLIONI

I disegni che seguono sono stati redatti nello stile della collana per mostrare, con la maggiore chiarezza possibile, i due padiglioni nella loro versione finale - realizzata presso le fiere di Milano e di Bari del 1935 - ma anche per mostrarne le differenze e le analogie. Nella prima sezione (tavv. I-XXVI) si attua una lettura compositiva dell'edificio milanese attraverso canoni geometrici e disegni prospettici. Nella seconda (tavv. XXVII-XL) dopo la citazione integrale della relazione di Albini ed una sommaria descrizione del padiglione barese, i due edifici vengono comparati tramite un confronto "all'americana". Entrambe le opere qui illustrate trovano nel ribaltamento tra interno ed esterno, tra allestimento ed architettura uno dei principali punti di interesse. La volontà di comunicare che giunge sino alla cancellazione di interi prospetti, azione finora illustrata solo dalle suggestive foto d'epoca dell'archivio Albini (oggi Fondazione), viene qui esaltata da alcuni accorgimenti che, attraverso una parziale rinuncia dell'apparato decorativo, restituiscono con estrema chiarezza la relazione conflittuale tra il contenitore ed il contenuto dove lo spazio interno tenta di annullare quello esterno. Questa azione - decisamente centripeta - emerge qui nella sua forza. Nelle tavole dalla XXII alla XXIV si è voluta isolare l'architettura interna dal guscio proprio per evidenziare l'autonomia dell'idea albiniana di architettura di interni. Nell'esploso assonometrico (tav. XXI) sembra chiarirsi la consuetudine di rompere la scatola laddove gli elementi della composizione interna lo richiedano, per massimizzare la permeabilità fisica e ottica. La rimozione degli apparati decorativi restituisce al sistema dei "pannelli" traslucidi il ruolo di elementi di misurazione e scansione dello spazio interno. A questi ultimi è demandato il compito di incrementare la "profondità di campo" e di rallentare la fuga delle tre lampade lineari che, attraversando l'intero volume, ne ribadiscono l'unicità.

fig. 35. Padiglione Ina per la Fiera Campionaria di Milano. Vista dell'ingresso.

45

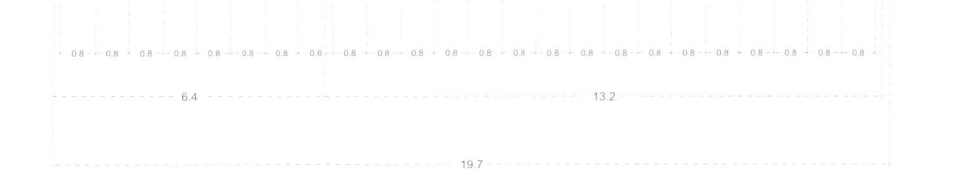

tav. I. Padiglione Ina per la Fiera Campionaria di Milano. Pianta quotata del piano terra

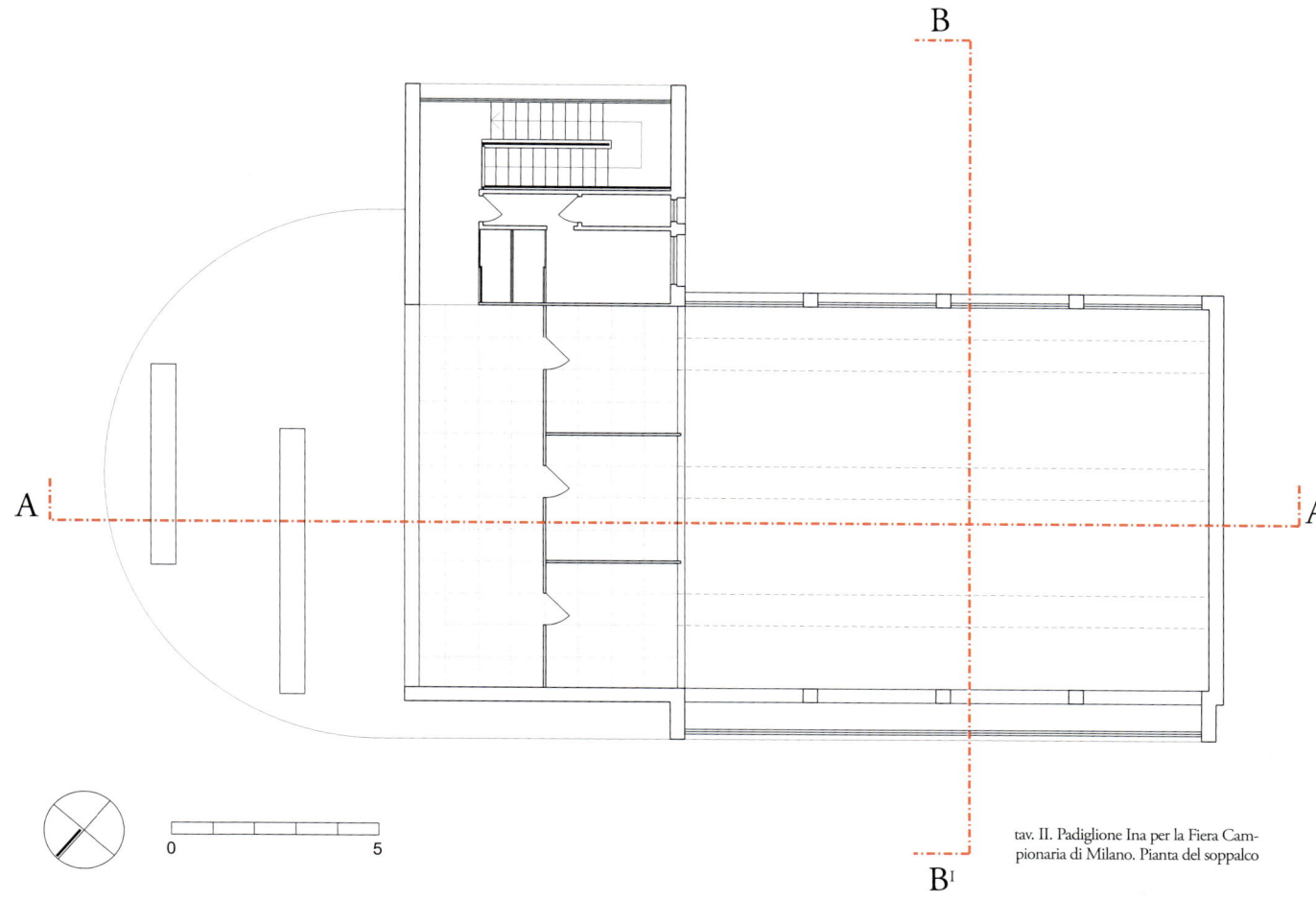

letture d'architettura: padiglioni ina per le fiere di milano e bari

tav. II. Padiglione Ina per la Fiera Campionaria di Milano. Pianta del soppalco

tav. III. Padiglione Ina per la Fiera Campionaria di Milano. Lettura dei rapporti geometrici e dimensionali nella pianta.

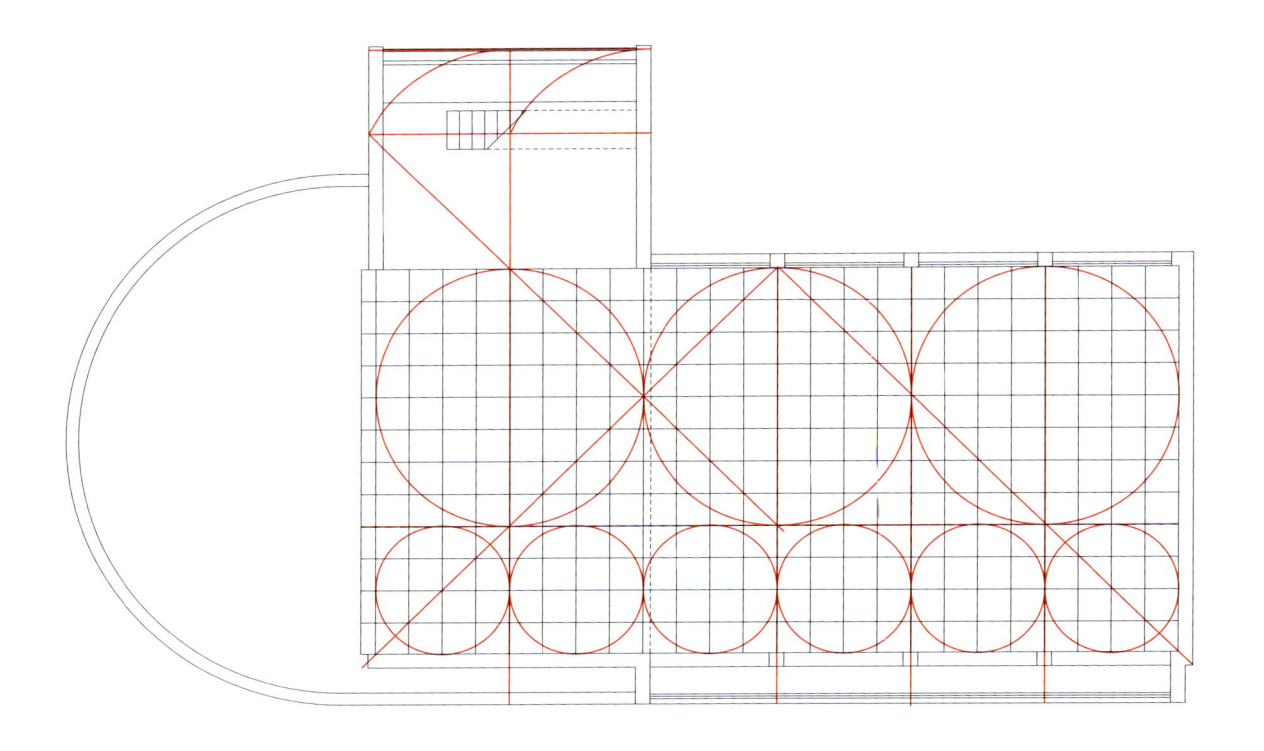

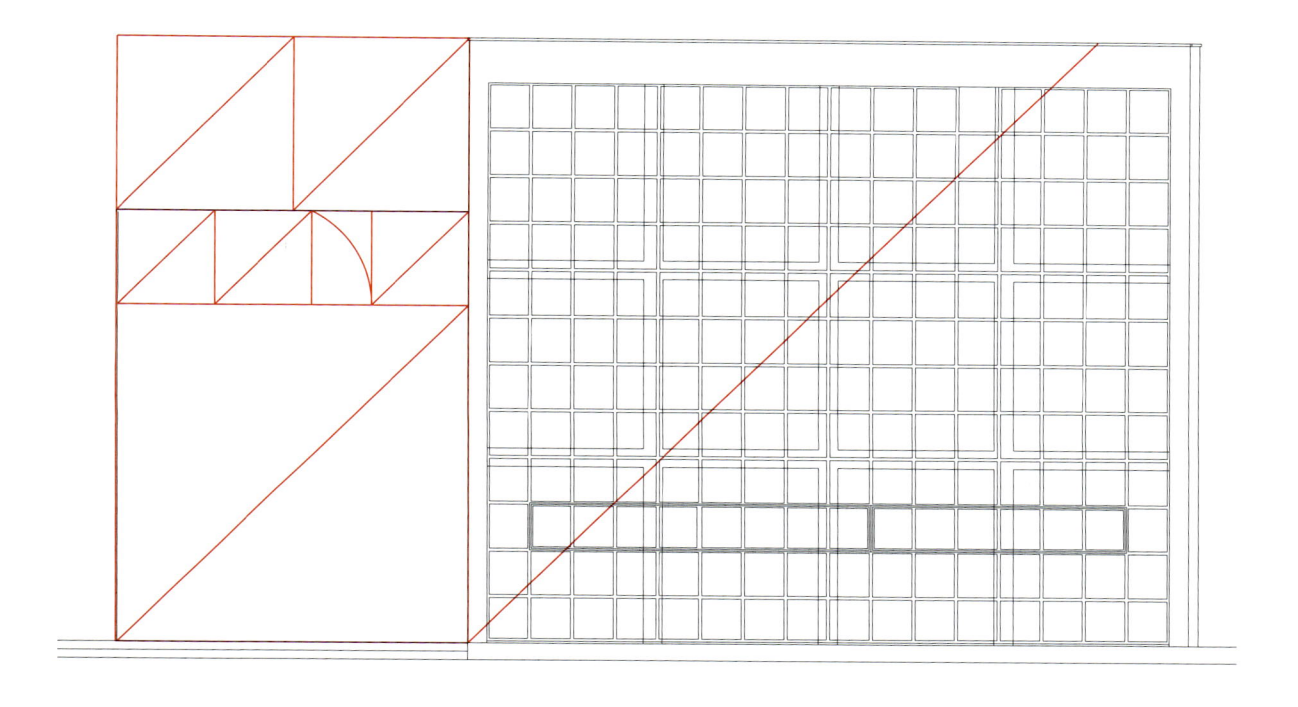

letture d'architettura: padiglioni ina per le fiere di milano e bari

tav. IV. Padiglione Ina per la Fiera Campionaria di Milano. Lettura dei rapporti geometrici e dimensionali: prospetto nord ovest.

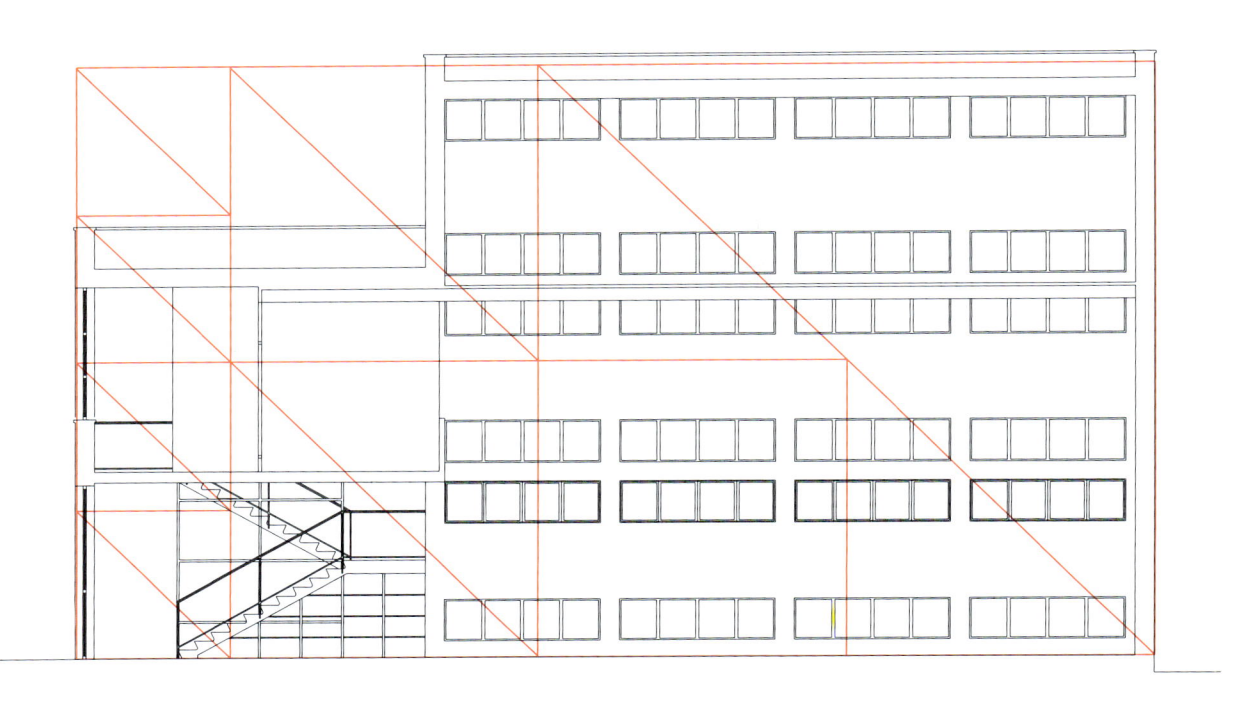

tav. V. Padiglione Ina per la Fiera Campionaria di Milano. Lettura dei rapporti geometrici: sezione A/A[1].

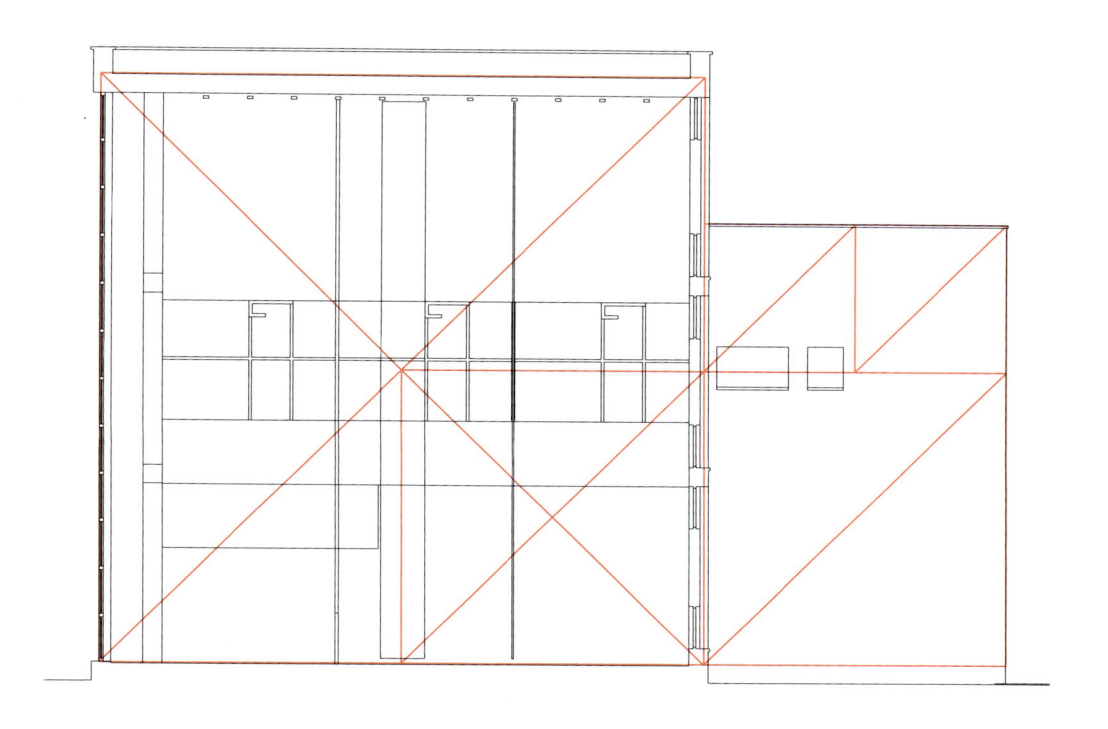

letture d'architettura: padiglioni ina per le fiere di milano e bari

tav. VI. Padiglione Ina per la Fiera Campionaria di Milano. Lettura dei rapporti geometrici e dimensionali: sezione B/B[1].

federico bucci

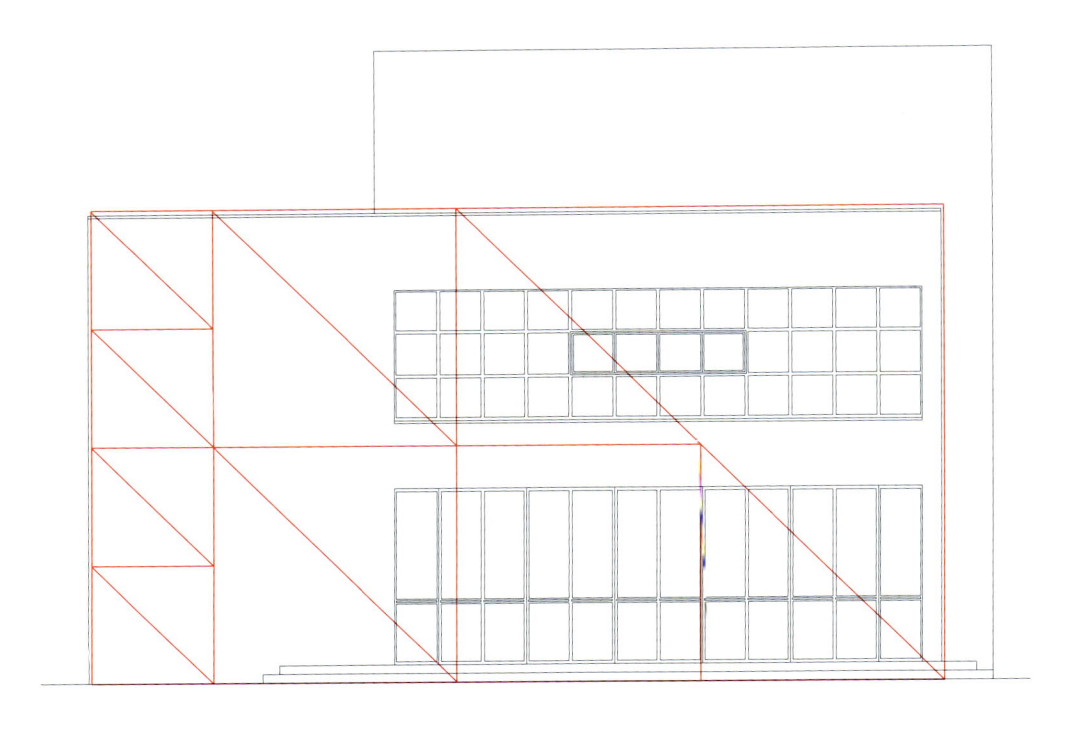

tav. VII. Padiglione Ina per la Fiera Campionaria di Milano. Lettura dei rapporti geometrici: prospetto nord est.

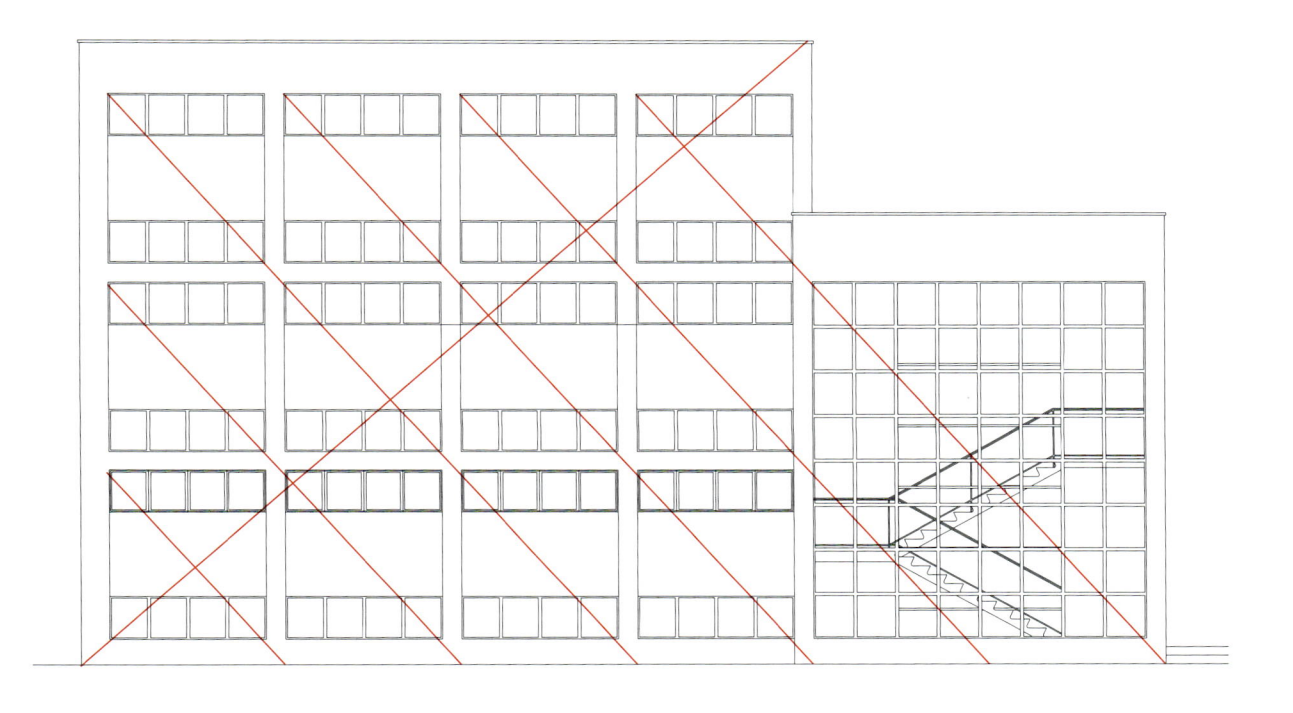

letture d'architettura: padiglioni ina per le fiere di milano e bari

tav. VIII. Padiglione Ina per la Fiera Campionaria di Milano. Lettura dei rapporti geometrici e dimensionali: prospetto sud est.

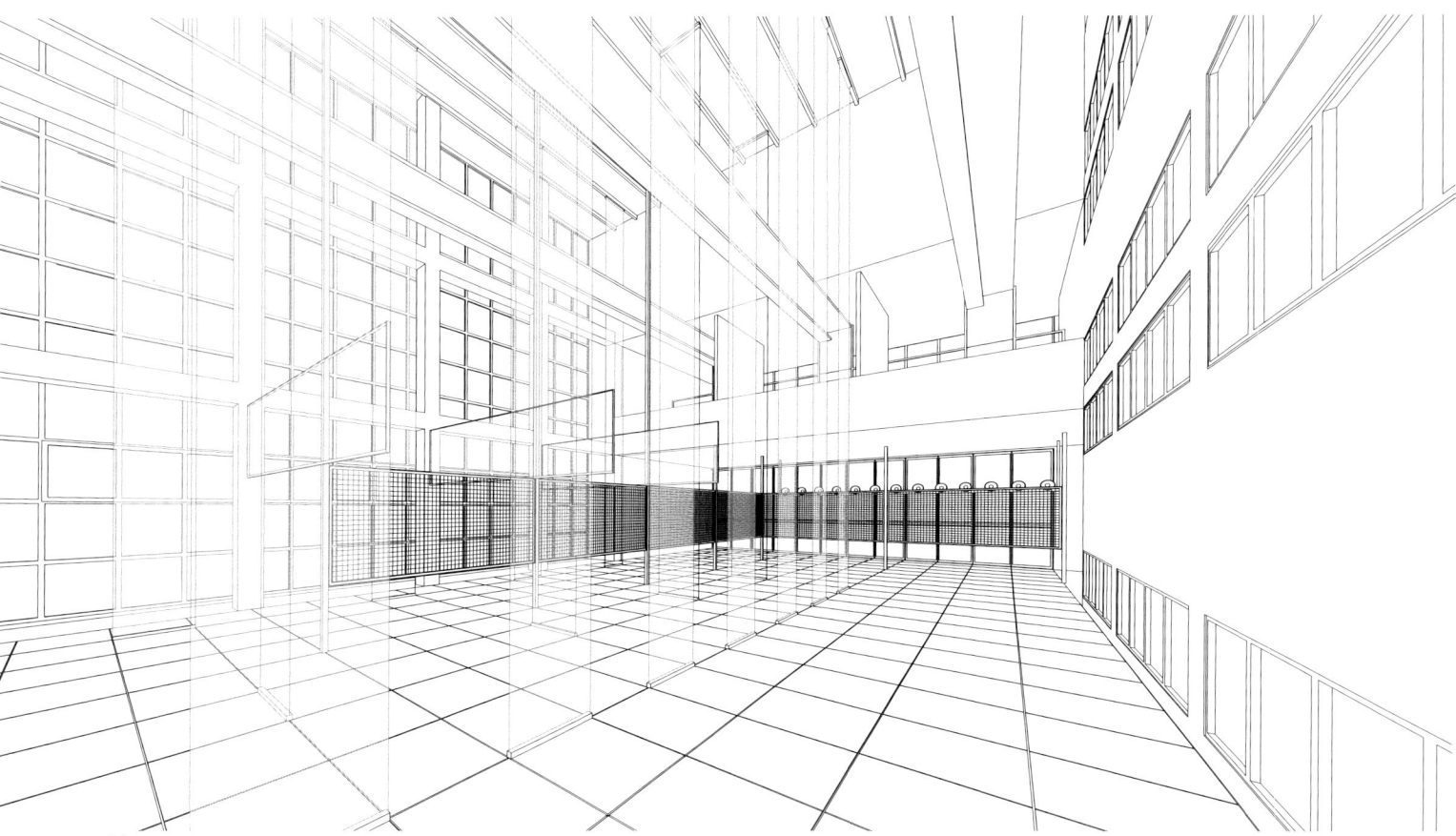

tav. IX. Padiglione Ina per la Fiera Campionaria di Milano. Vista prospettica interna della sala espositiva verso il soppalco.

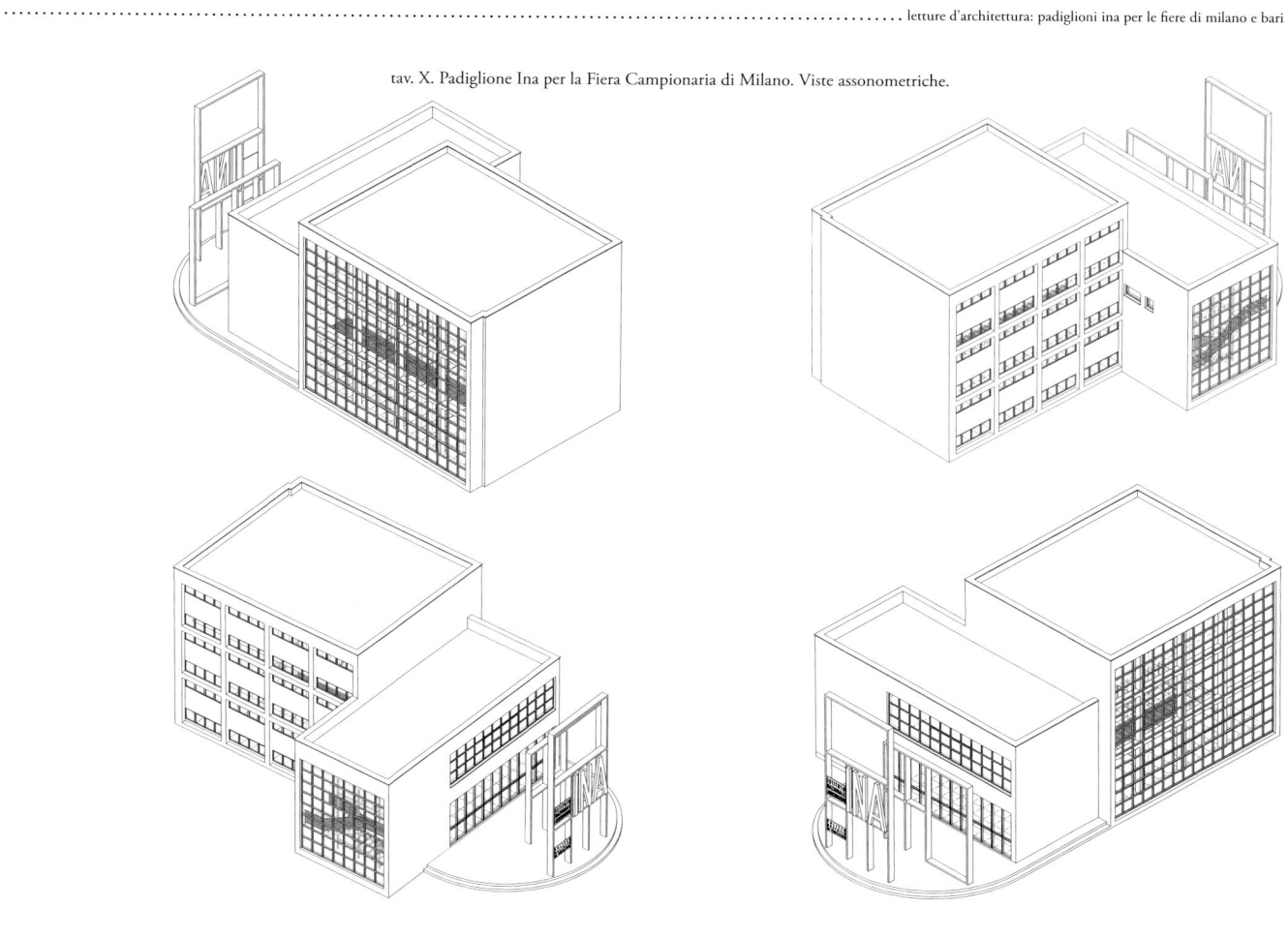

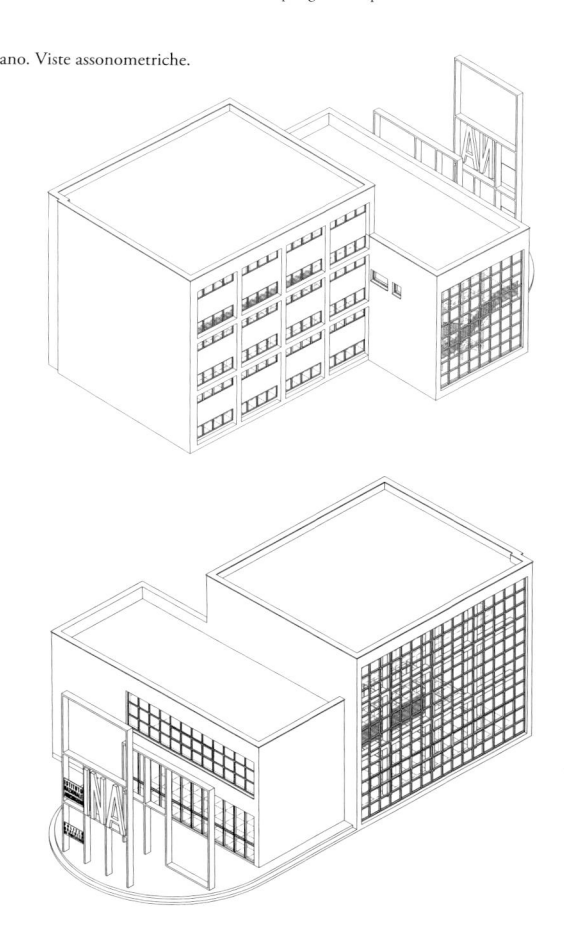

tav. X. Padiglione Ina per la Fiera Campionaria di Milano. Viste assonometriche.

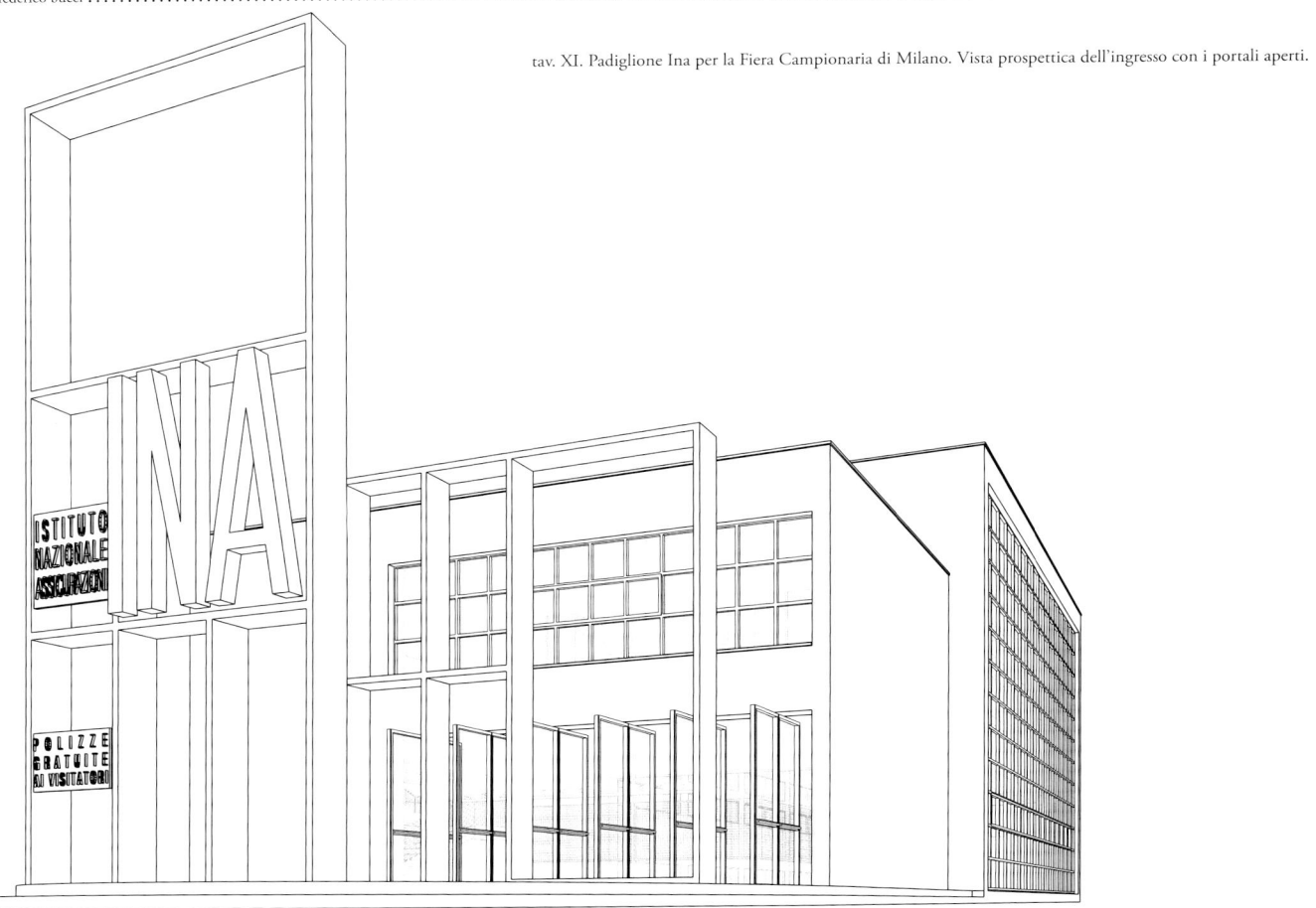

tav. XI. Padiglione Ina per la Fiera Campionaria di Milano. Vista prospettica dell'ingresso con i portali aperti.

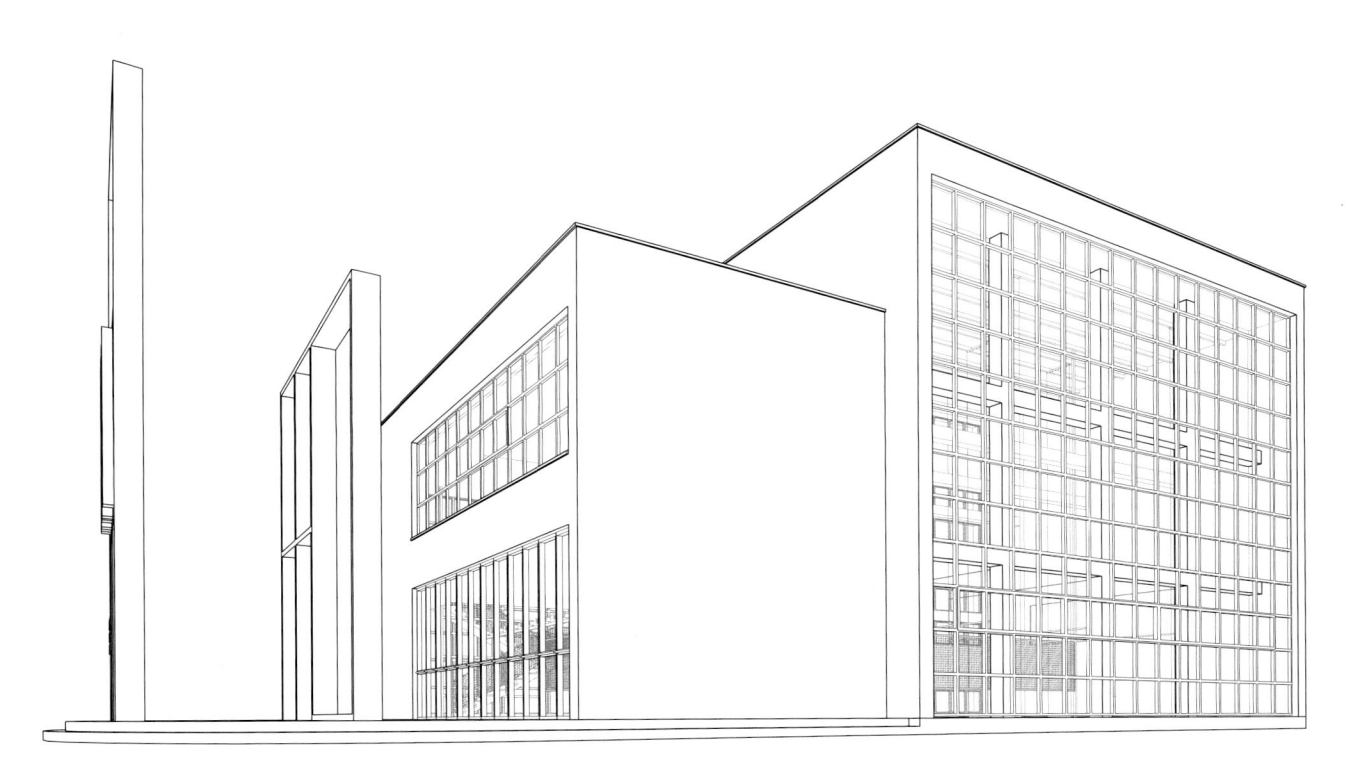

letture d'architettura: padiglioni ina per le fiere di milano e bari

tav. XII. Padiglione Ina per la Fiera Campionaria di Milano. Vista prospettica accidentale della grande vetrata e dei telai.

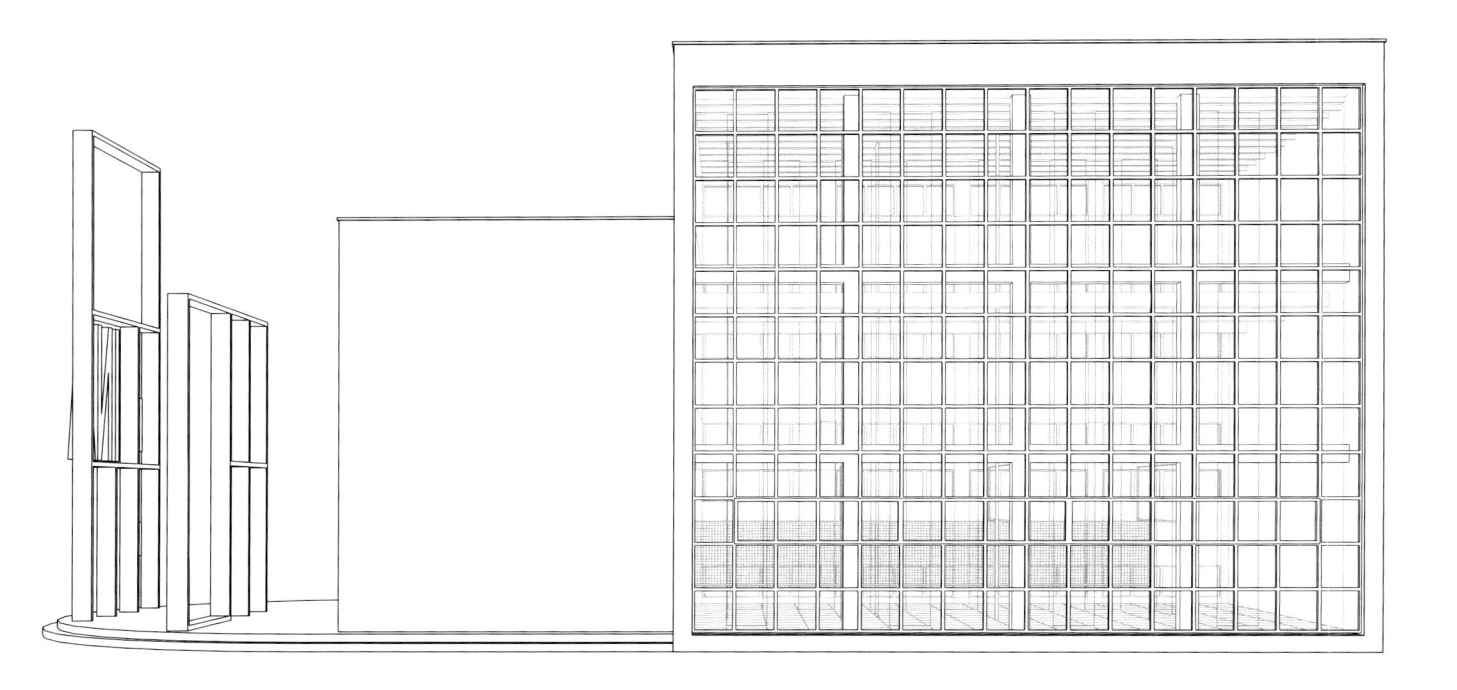

tav. XIII. Padiglione Ina per la Fiera Campionaria di Milano. Vista prospettica accidentale della grande vetrata a nord ovest e dei telai.

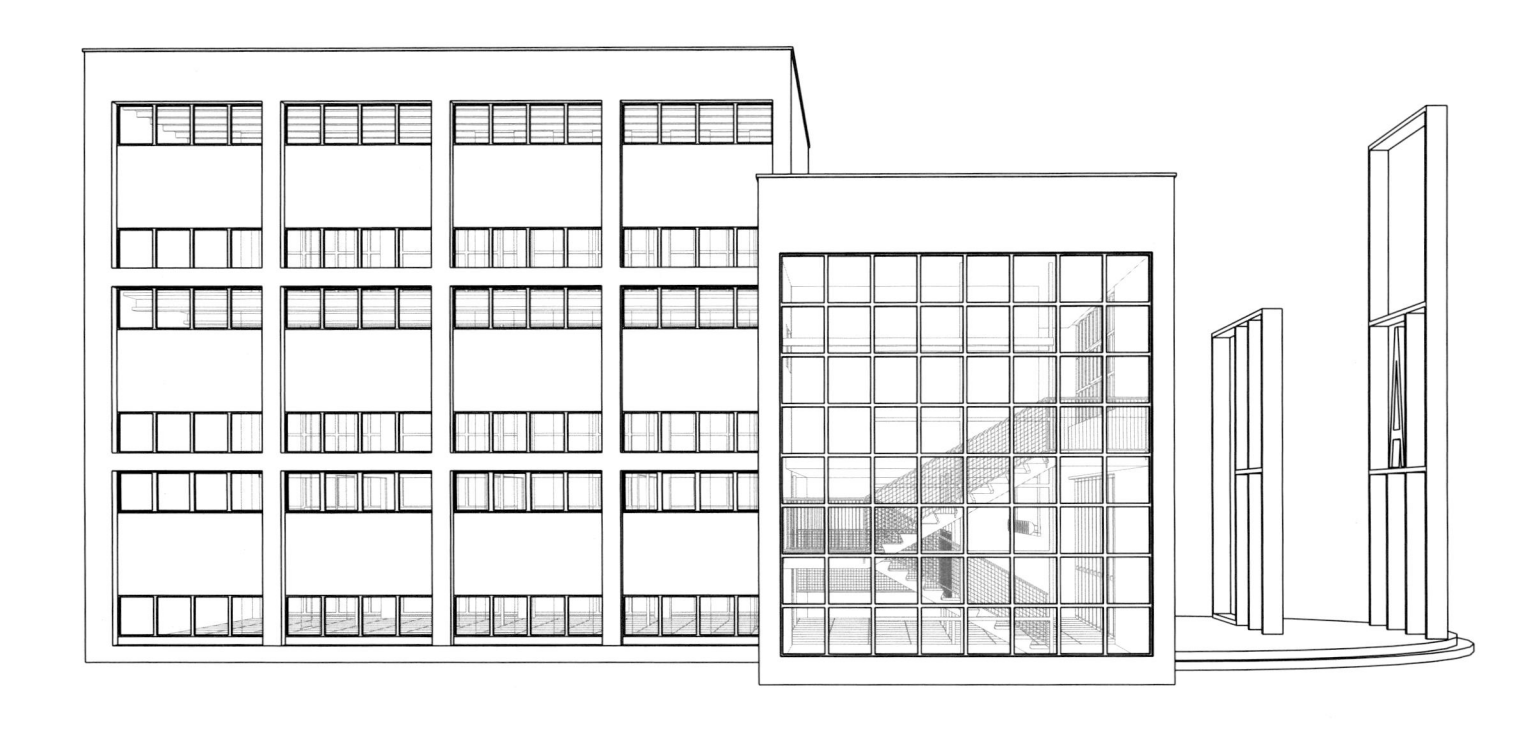

letture d'architettura: padiglioni ina per le fiere di milano e bari

tav. XIV. Padiglione Ina per la Fiera Campionaria di Milano. Vista prospettica accidentale della scala sospesa e del fronte finestrato.

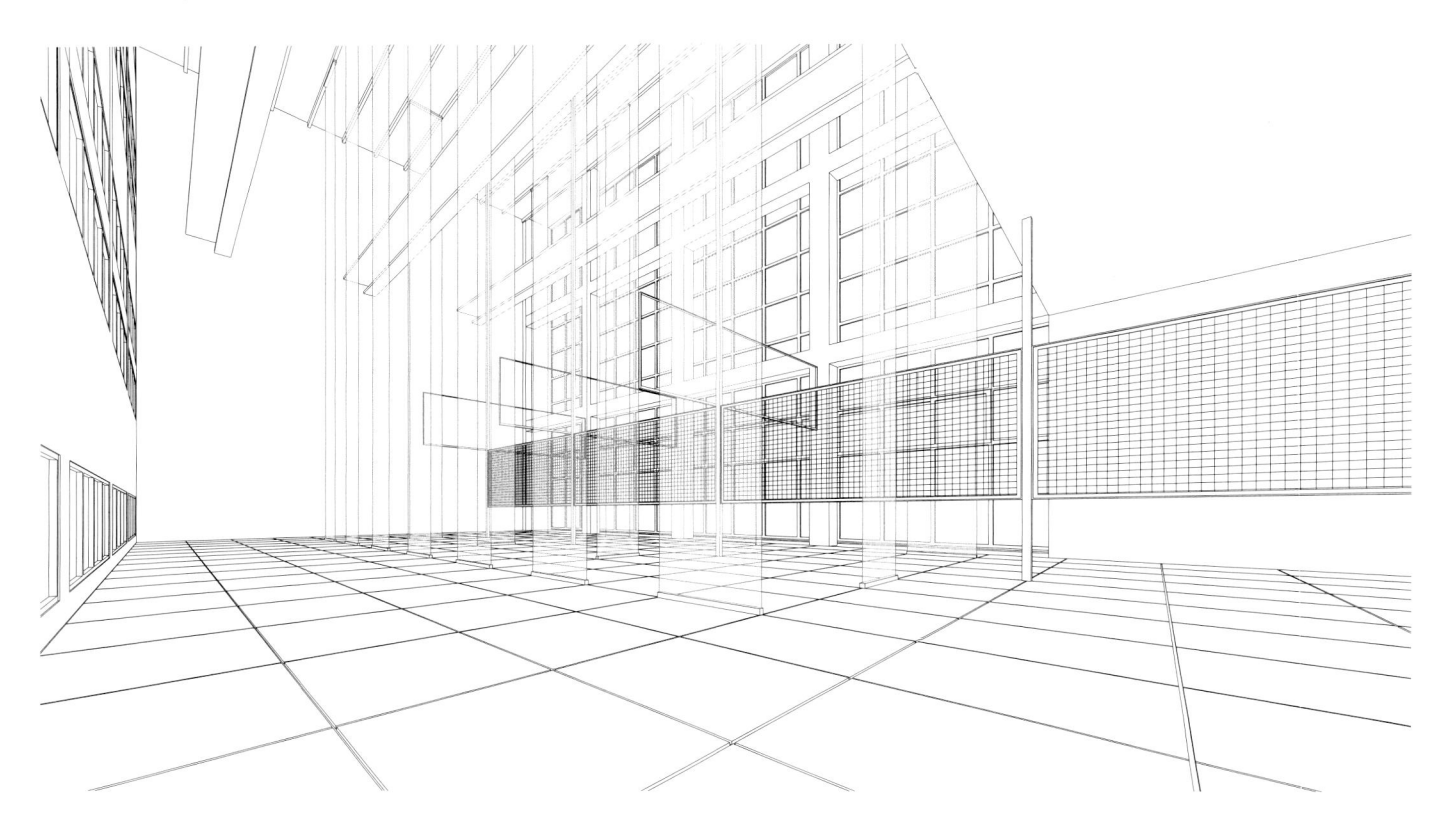

tav. XV. Padiglione Ina per la Fiera Campionaria di Milano. Vista prospettica interna della sala espositiva verso il fondale.

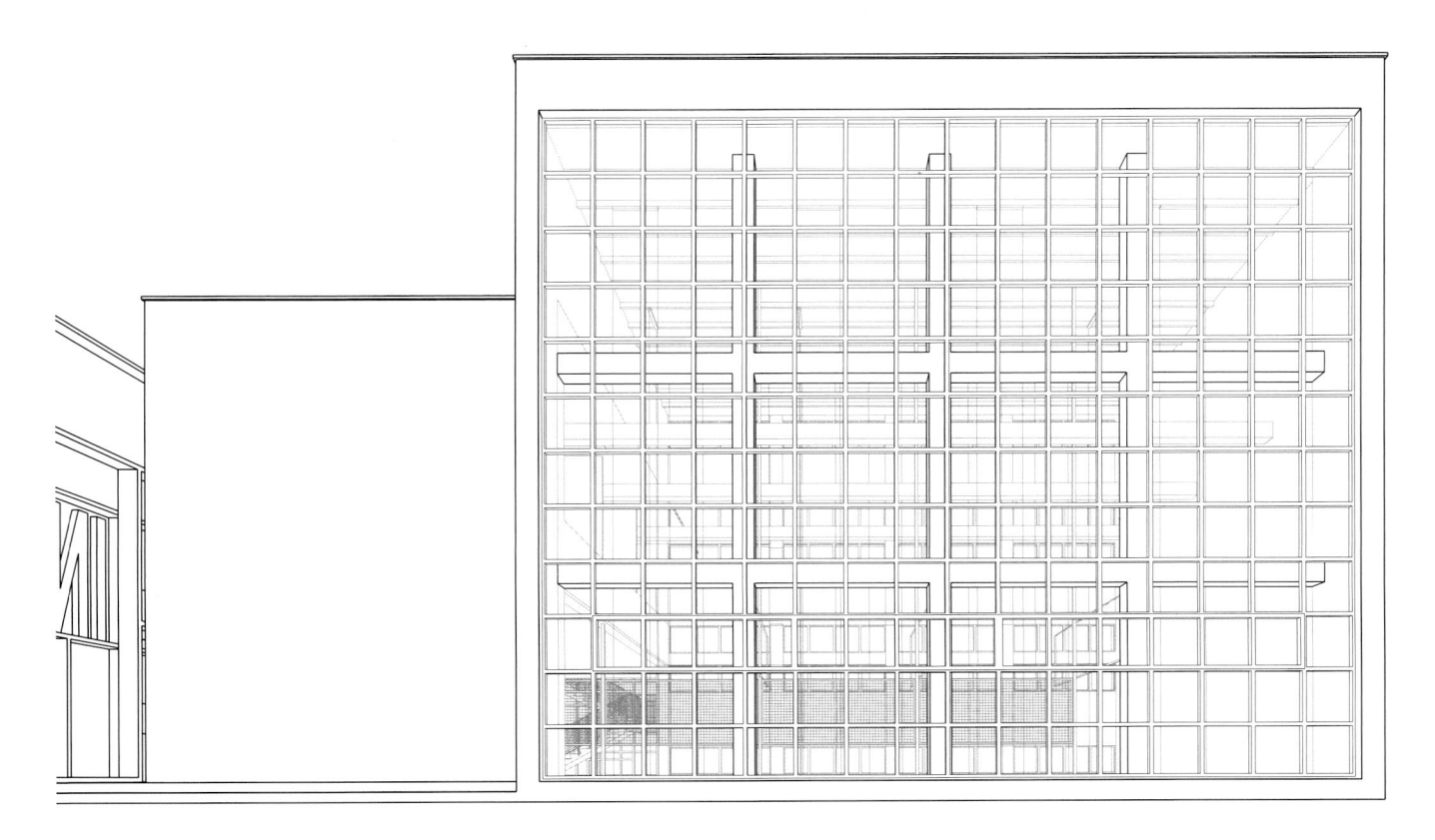

letture d'architettura: padiglioni ina per le fiere di milano e bari

tav. XVI. Padiglione Ina per la Fiera Campionaria di Milano. Dettaglio prospettico del fronte nord ovest.

61

federico bucci

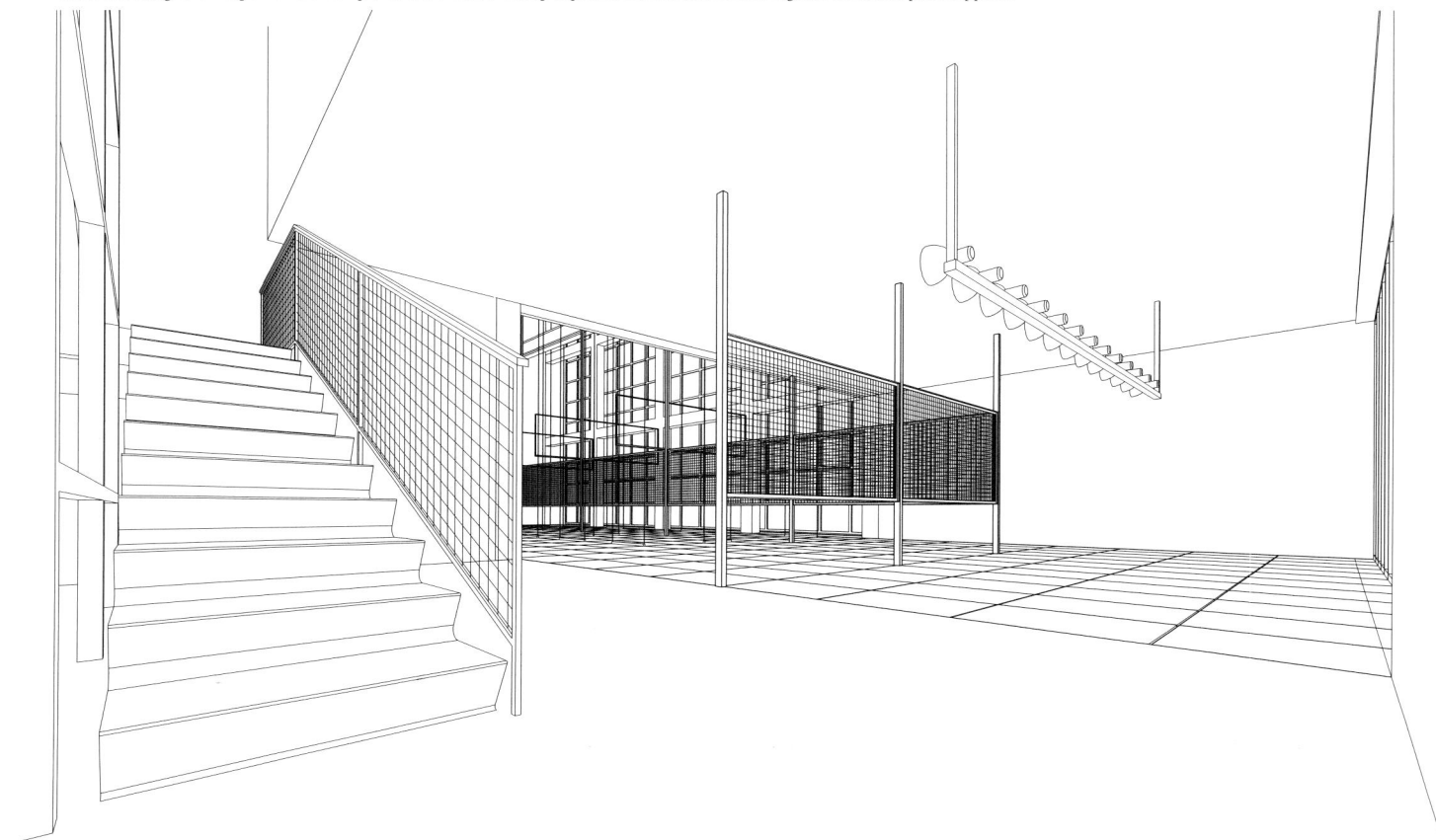

tav. XVII. Padiglione Ina per la Fiera Campionaria di Milano. Vista prospettica interna della zona di ingresso dalla scala per il soppalco.

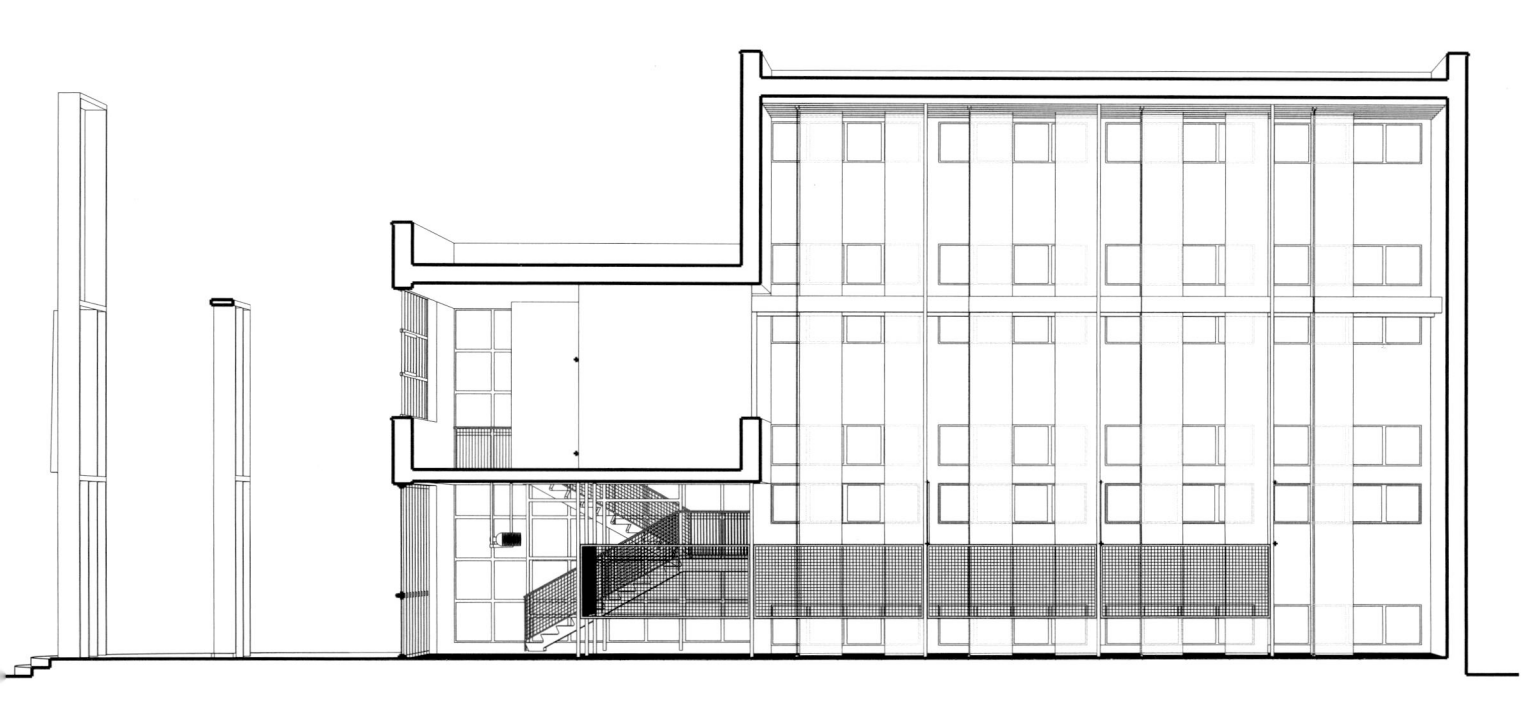

letture d'architettura: padiglioni ina per le fiere di milano e bari

tav. XVIII. Padiglione Ina per la Fiera Campionaria di Milano. Sezione prospettica longitudinale

federico bucci

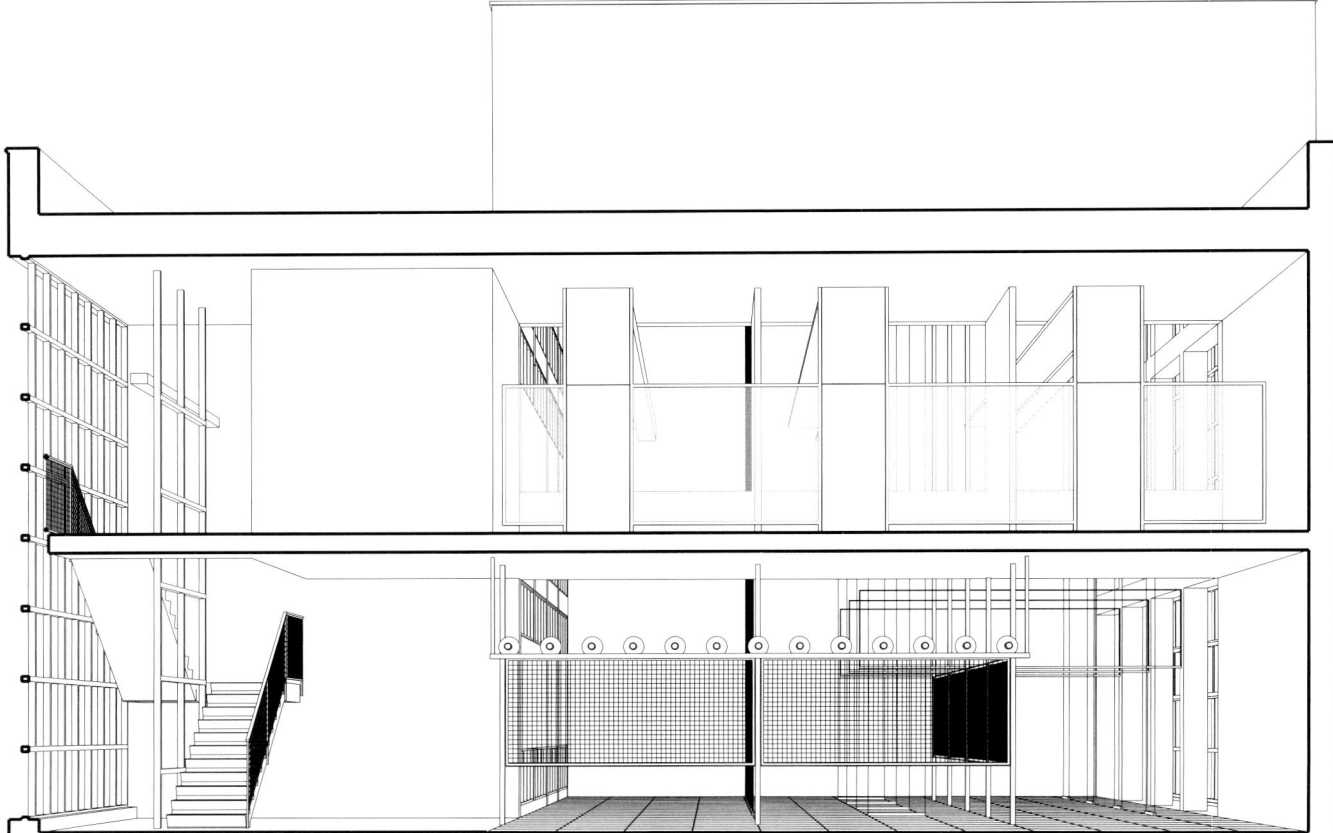

tav. XIX. Padiglione Ina per la Fiera Campionaria di Milano. Sezione prospettica sul soppalco e sulla scala verso il doppio volume espositivo.

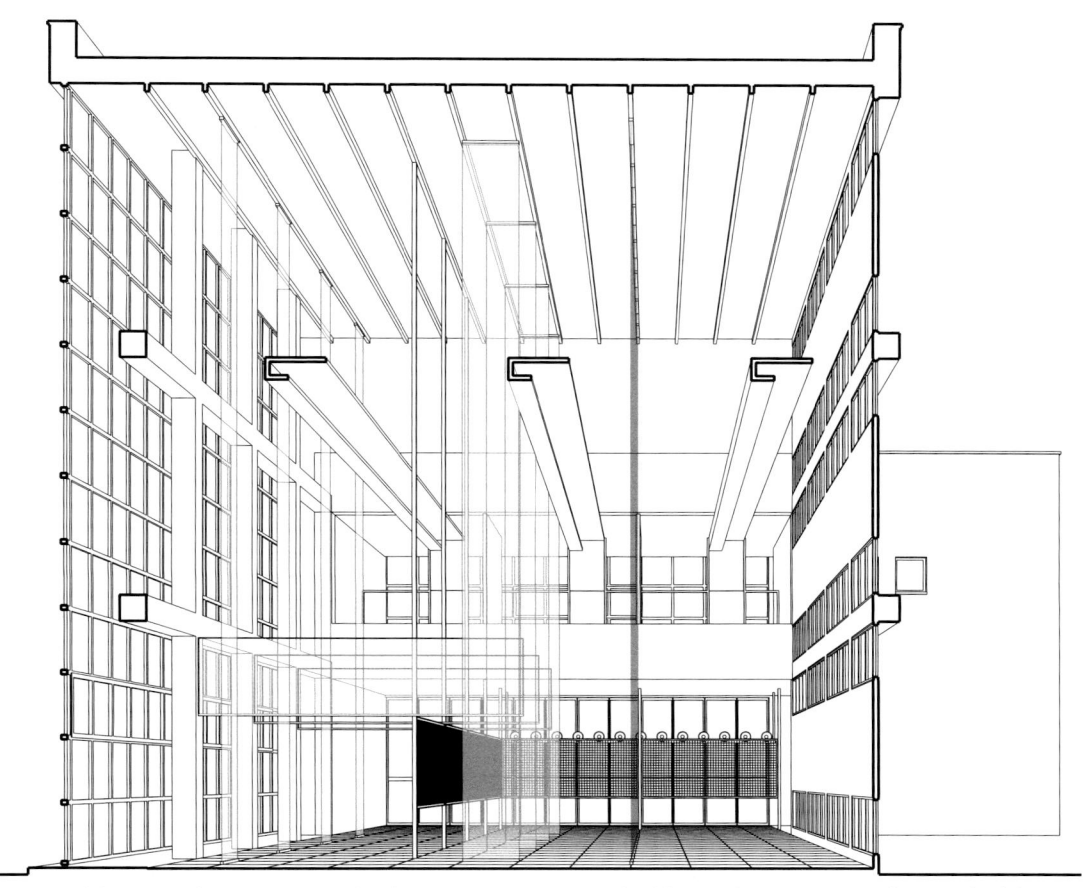

letture d'architettura: padiglioni ina per le fiere di milano e bari

tav. XX. Padiglione Ina per la Fiera Campionaria di Milano. Sezione prospettica centrale sul doppio volume espositivo verso l'ingresso al padiglione.

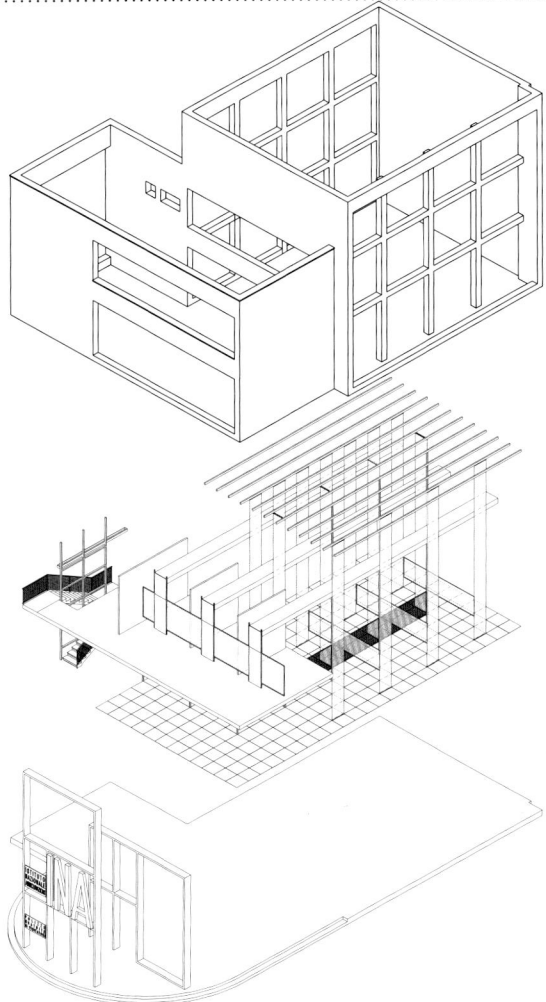

tav. XXI.
Padiglione Ina per la Fiera Campionaria di Milano.
Esploso assonometrico:
nell'elaborato risaltano le tre componenti del complesso: i "contenitori prismatici", il sistema architettonico dell'allestimento ed il "vassoio" o "piattaforma".

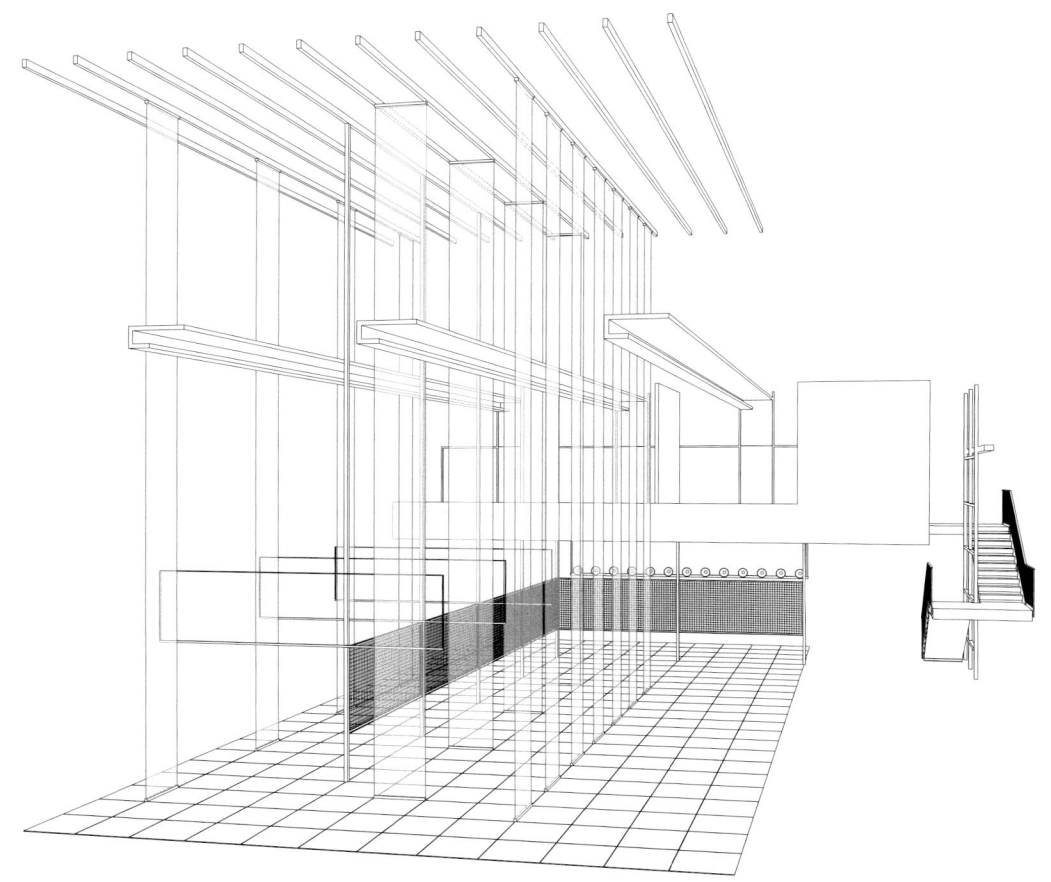

letture d'architettura: padiglioni ina per le fiere di milano e bari

tav. XXII. Padiglione Ina per la Fiera Campionaria di Milano. Vista prospettica accidentale dell'allestimento.

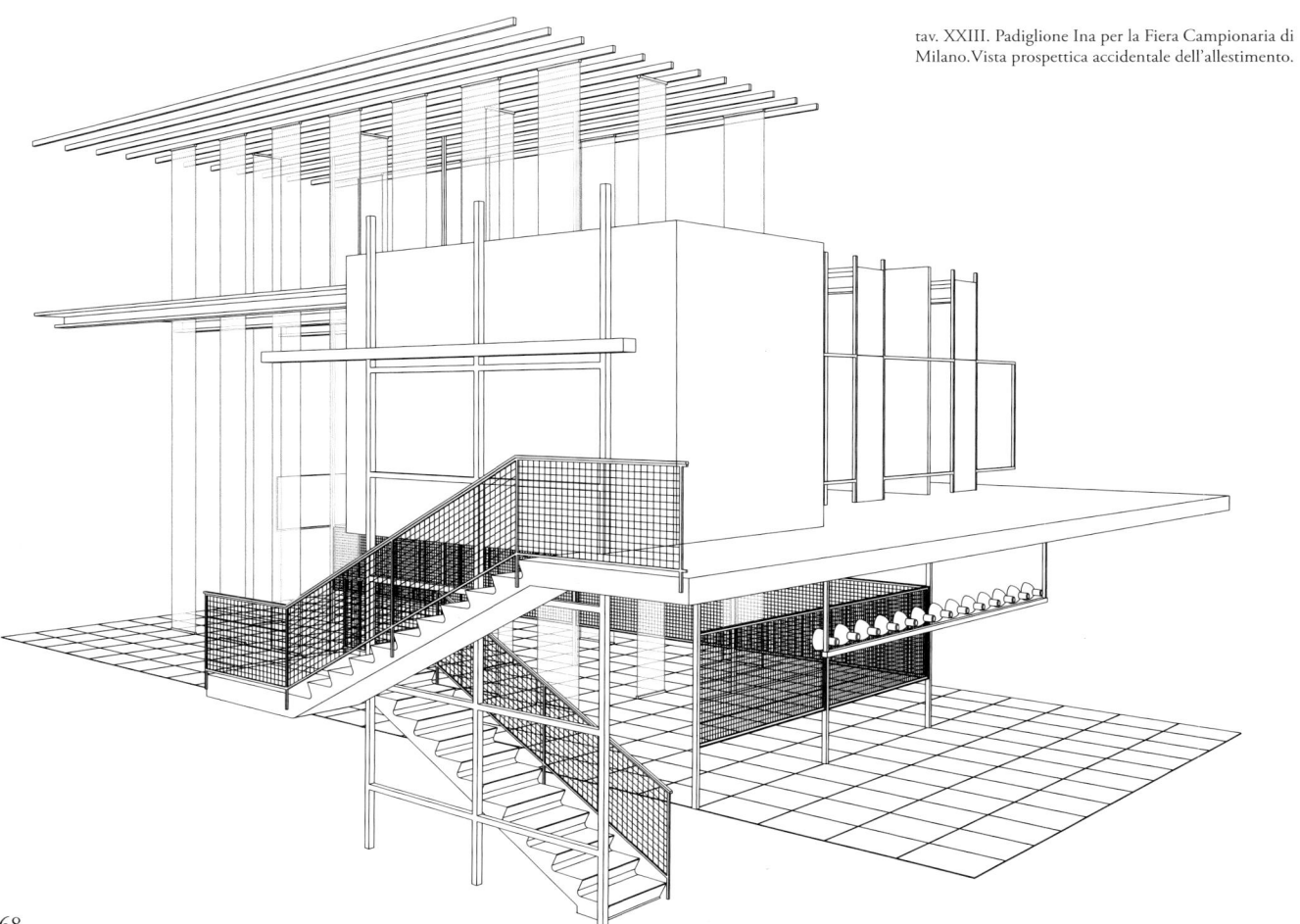

tav. XXIII. Padiglione Ina per la Fiera Campionaria di Milano. Vista prospettica accidentale dell'allestimento.

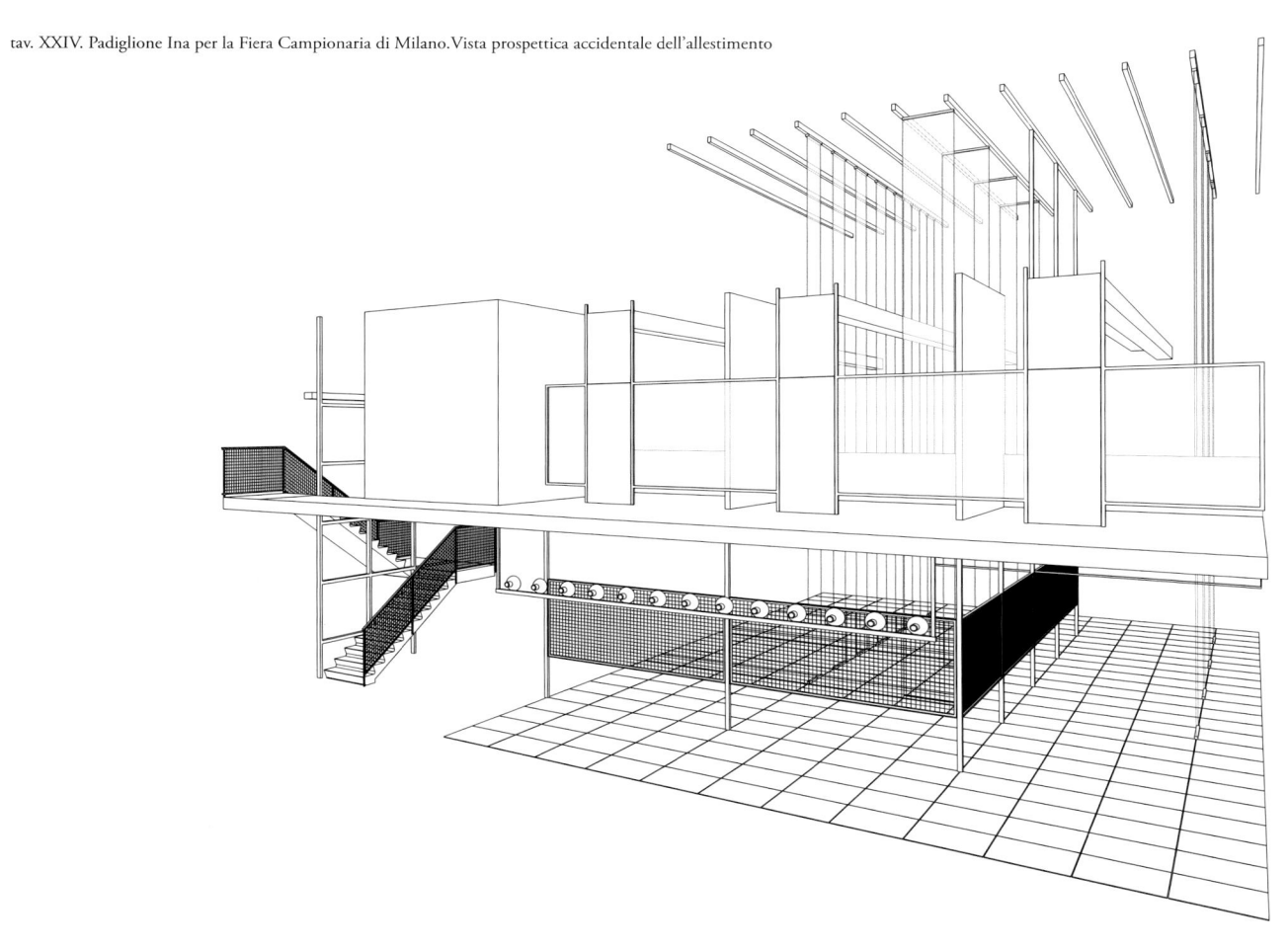

tav. XXIV. Padiglione Ina per la Fiera Campionaria di Milano. Vista prospettica accidentale dell'allestimento

federico bucci

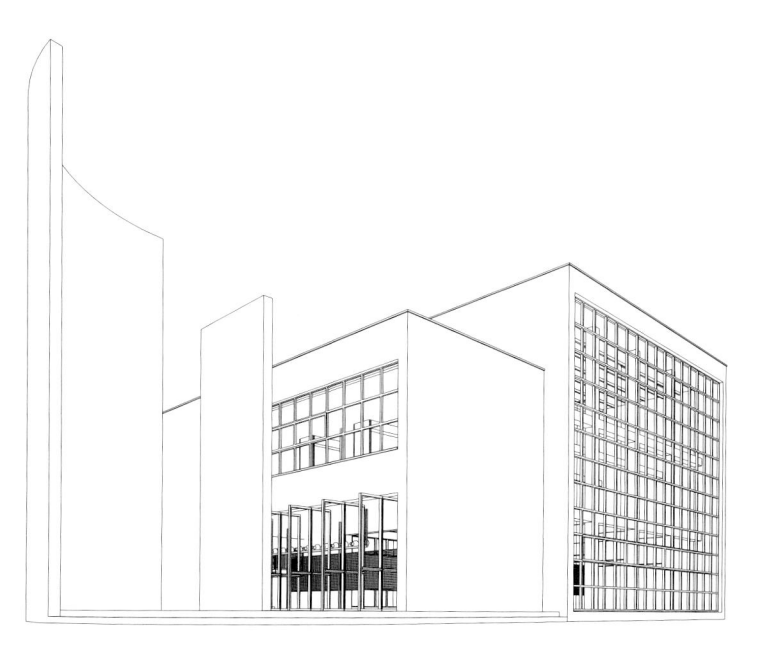

tav. XXV. Padiglione Ina per la Fiera Campionaria di Milano. Vista prospettica accidentale del padiglione nella ricostruzione della prima versione e nella versione finale.

letture d'architettura: padiglioni ina per le fiere di milano e bari

tav. XXVI. Padiglione Ina per la Fiera Campionaria di Milano. Vista prospettica frontale del padiglione nella ricostruzione della prima versione e nella versione finale.

71

federico bucci

fig. 36. Padiglione Ina per la Fiera del Levante, Bari.

Franco Albini, Padiglione stabile dell'Ina a Bari presso la Fiera del Levante, 1935 [1].

Questo padiglione dell'INA è stato progettato contemporaneamente al suo omologo milanese dovendo, a qualche mese di distanza, accogliere la stessa mostra variata soltanto nella diposizione e nella distribuzione. Ciò spiega le somiglianze sostanziali tra i due padiglioni. (Quello di Milano è stato pubblicato nel numero di maggio 1935 di "Rassegna di architettura"). Per quanto riguarda l'organismo costruttivo il progettista ritiene che un padiglione d'esposizione pur essendo di struttura permanente, non debba essere stabile e definitivo in tutto, ma offrire la possibilità di rinnovarne di volta in volta l'aspetto. Il suo interno deve avere perciò proporzioni tali da poter cambiare la mostra o con sistemazioni completamente nuove, o disponendo in altro modo gli elementi che hanno costituito la mostra precedente: senza dover compiere sulla struttura, sul soffitto e sul pavimento opere tali da richiedere ogni volta un ripristino quasi totale. La normalizzazione delle misure sopra un modulo costante favorisce tale trasformabilità.

Il Padiglione dell'I.N.A. è stato appunto organizzato sopra un modulo di 80 cm.; il suo volume diviso in gruppi di 4 moduli ciascuno; interasse dei pilastri di 4 moduli; larghezza del salone 12 moduli; altezza dell'ingresso 4 moduli; altezza del piano superiore 4 moduli; altezza del salone 12 moduli, equivalente a tre volte l'altezza dell'ingresso (tenuto conto dell'eventualità di voler organizzare una mostra completamente sospesa al soffitto o a mezza altezza). Il pavimento è diviso in lastre di marmo quadrato di 80 cm di interasse con giunto largo cm 1½ incavato, che serve per il fissaggio degli elementi della mostra, a mezzo di giunti. Il pavimento non viene così ogni volta forato. Le lastre di marmo rimangono intatte e non si rendono necessarie altro che piccole sigillature all'interno dei giunti. Al soffitto è appesa un'orditura di ferri a L accoppiati due a due, distanziati di cm.1 ½ in modo da lasciare una fessura che corrisponde alle verticali alzate dai giunti del pavimento. Interasse delle coppie di ferri cm.80. L'orditura è staccata dal soffitto per permettere di fissar gli elementi della mostra al disopra dei ferri. Nel soffitto ribassato del locale d'ingresso sono state disposte, in costruzione, staffe di ferro forate, con foro filettato nella loro faccia inferiore, alla distanza di cm.80. Essi costituiscono altrettanti punti di facile attacco. All'esterno, sottili barre di ferro tese verticalmente sulle facciate, e staccate dalla parete, formano un facile attacco per gli elementi pubblicitari. Lo spazio davanti all'ingresso è lasciato libero per costruzioni provvisorie da rinnovarsi di volta in volta.

DATI TECNICI E MATERIALI DEL PADIGLIONE. — La struttura è in cemento armato e fu usato cemento ad alta resistenza. I solai sono in cemento armato e laterizio con intradosso piano; la muratura di riempimento di mattoni pieni e forati. I serramenti sono in ferro, le parti fisse in profilati normali composti. È stata studiata in particolar modo la possibilità di costruire elementi di dimensioni non troppo grandi e di facile montaggio, data la rapidità con cui l'edificio doveva essere costruito. Le parti apribili dei serramenti sono in profilati speciali per finestre, finestrelle a farfalla collegate fra di loro in modo da essere manovrate insieme. Scala portata da soletta a ginocchio in cemento armato. L'edificio è costituito da due corpi; uno basso, sul davanti, a due piani; uno alto a vano unico. Il piano superiore si affaccia sul vano del salone, per tutta la larghezza, con un parapetto; è divisa longitudinalmente in due parti; la prima costituisce una galleria di attesa, con poltrone e tavolini; l'altra è suddivisa in tre salottini. Una serra corre lungo la vetrata della scala. L'illuminazione a luce indiretta è ottenuta con tre gole luminose sospese, che traversano il salone per tutta la sua lunghezza, giungendo sino a metà del piano superiore, cioè entrando per tutta la profondità della galleria. Esse legano così questi ambienti col grande vano del salone, aumentando il senso di fusione che si è voluto ottenere fra i vari ambienti. La mostra passata è stata così organizzata: una paratia orizzontale a telai di rete metallica verniciata in bianco stabilisce il giro del pubblico; ad essa si intersecano superiormente quattro elementi orizzontali di vetro retinato su montanti di ferro. Tutti gli altri elementi verticali sono in vitrex bianco trasparente a tela metallica a maglia fine. Tutti gli elementi recano fotomosaici, cartelli a stampa e scritte a rilievo in verde scuro e ocra. La colonna e i cubi della parete di fondo sono verniciati in oro opaco, le carte geografiche disegnate a pennello in ocra. Le linee del diagramma sono in verde chiaro. Esterno: davanti alla facciata principale fu eretta una struttura in legno verniciata in rosso arancio che regge delle scritte a lettere in rilievo grigie e bianche su rete metallica bianca. Le composizioni delle altre facciate sono nei colori: verde scuro, rosso arancio, nero e grigio. Tutto il fabbricato è a intonaco pietrificante bianco e avorio. Interno: pareti a cementite bianco e avorio. Pavimento del salone in pietra di Trani. Scala di pietra di Trani. Pavimento del vano-scala: tappeto di cocco a spazzola, colore naturale. Parapetto della scala in ferro a rete metallica verniciata in rosso arancio. Serramenti bianchi con le parti apribili rosso arancio (sia per le porte che per le finestre). Pavimento del piano superiore in marmette nere. Divisioni fra i tre salottini e armadi di legno nero, tende di paglia di foglia di gomma giallo-limone.

(1) in:"Rassegna di Architettura", febbraio 1936, pp.51-53.

Franco Albini: Permanent I.N.A. Pavilion in the Fair "Fiera del Levante". Bari, 1935. Report.

This permanent Ina (National Insurance Company) Pavilion have been planned together with the milanese Pavilion to host the same exhibition with some differences that justify the similarity of the two. Dealing with the construction, even if a permanent, it must not be completely and finally "stable"; its role is to give the possibility to renewal more and more its inner space. The proportions of the interiors have to be though with the final aim to host very different type of exhibitions. Thus its proportions must be adapt to host all the types of exhibitions without any change or damage. The best solution is in adopt a constant measure, a module. The National Insurance Institute (Ina) Pavilion The Ina Pavilion have been planned using an 80 cm wide module; the inner volume is divided in several groups each of 4 modules. The distance among the axes of the axis of the pillars in infact of 4 modules, the wideness of the hall is 12 modules, the height of the entrance room is 4 modules, the height of the min hall is 12 modules (three times the height of the entrance). The floor is subdivided in 80 cm sided marble squared slabs and an 1.5 cm joint is left to fix the hanging exhibition panels without drillinf the marble slabs that stay untouched.

A net of couples of 80 cm distant "L" shaped iron beams is fixed on the ceiling, each couple has an 1.5 cm mounting space. The truss of iron beams hangs from the ceiling to use the upper space to better fix the elements of the exhibitions.

Other drilled iron beams (80 cm. distant each other) have been fixed the lower ceiling of the entrance room. The area in front of the entrance have been left empty to allow temporary constructions to be set.

Tecnical datas and materials used: The structure is concrete, the floors are made of brick-concrete. The inner walls is made of bricks The windows are made with iron profiles. Due to the short contruction time, small elements - easy to mount - have been thought. The mobile part of the windows are connected to allow an unique movement for the opening or closing.

The building is made of two parts: the higher is single stored, the second is 2 storey and lower, standing on the front. The second floor of this building lean in the wide hall of the first one and is made of a waiting gallery and three offices. A glazed wall close the stair facade. Three long lighting beams run through the whole space connecting the main hall with the second floor offices.

The exhibition have been organized by series of horizontal metal net panels white painted whose aim is to set a path for the visitors. Four cross vertical glass panels intersect the horizontal panels. All the other panels hangs from the ceiling tipping the floor and are made of white transparent "vitrex". Photo puzzles, prints and writings are fixed on the panels. The wide closing wall are painted in gold opaque color and maps are fixed on them. The lines of the diagrams are light green.

Exteriors: in front of the main entrance a red orange painted wall structure carry some grey and white characters fixed on a metallic white net. Other colors used for the facades are white and ivory stoney plaster.

Interiors: white and ivory plaster. Hall pavement is made of Trani stone. The stair cladding is made of Trani stone too. The metal stair handrail is in orange red. The windows iron profiles are painted in white. The panels of the offices are white except for the doors red orange painted. The pavement of the second floor is in black marble tiles, the curtains are made of rubber tissue, lemon yellow colored.

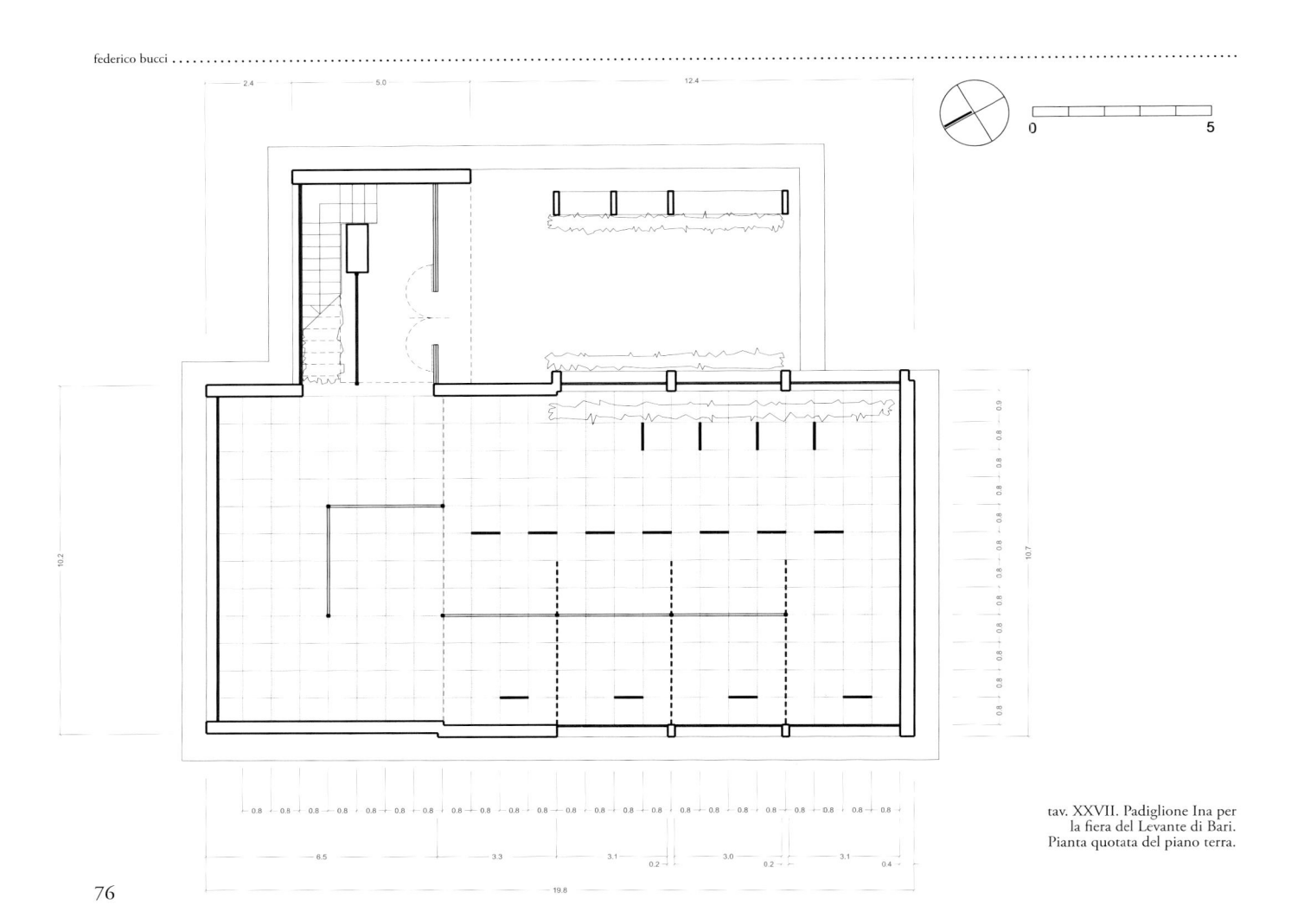

federico bucci

tav. XXVII. Padiglione Ina per la fiera del Levante di Bari. Pianta quotata del piano terra.

letture d'architettura: padiglioni ina per le fiere di milano e bari

tav. XXVIII. Padiglione Ina per la fiera del Levante di Bari. Pianta del soppalco.

77

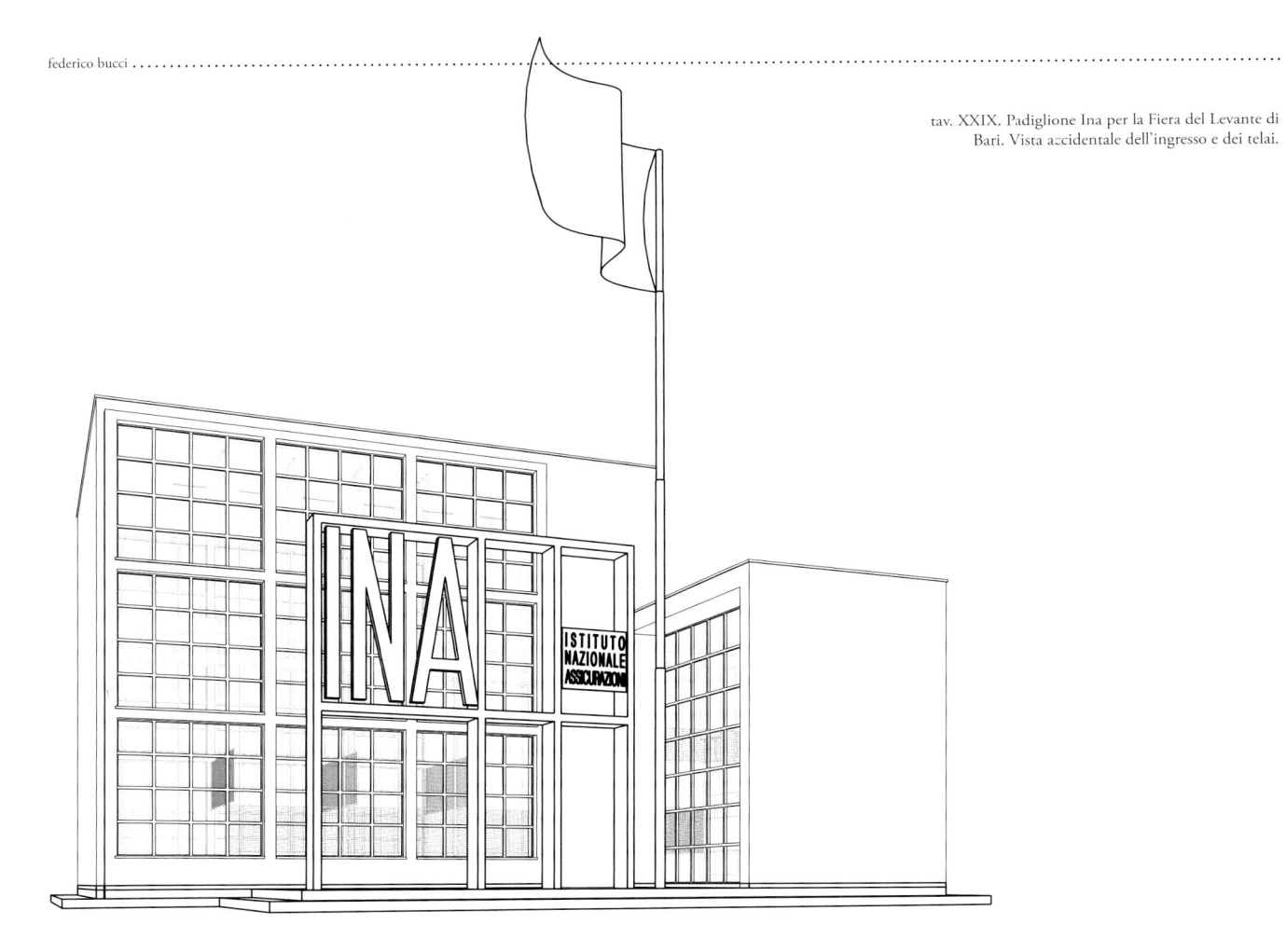

tav. XXIX. Padiglione Ina per la Fiera del Levante di Bari. Vista accidentale dell'ingresso e dei telai.

letture d'architettura: padiglioni ina per le fiere di milano e bari

tav. XXX Padiglione Ina per la fiera del Levante di Bari.
Sezioni AA' e BB'.

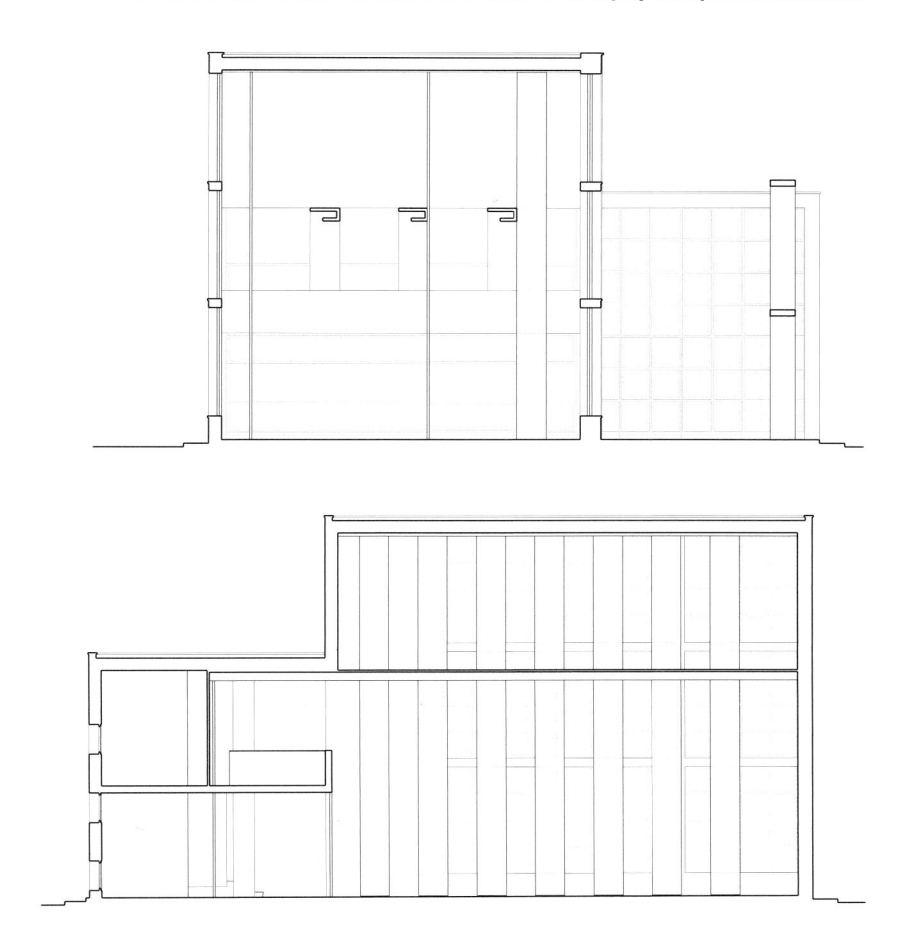

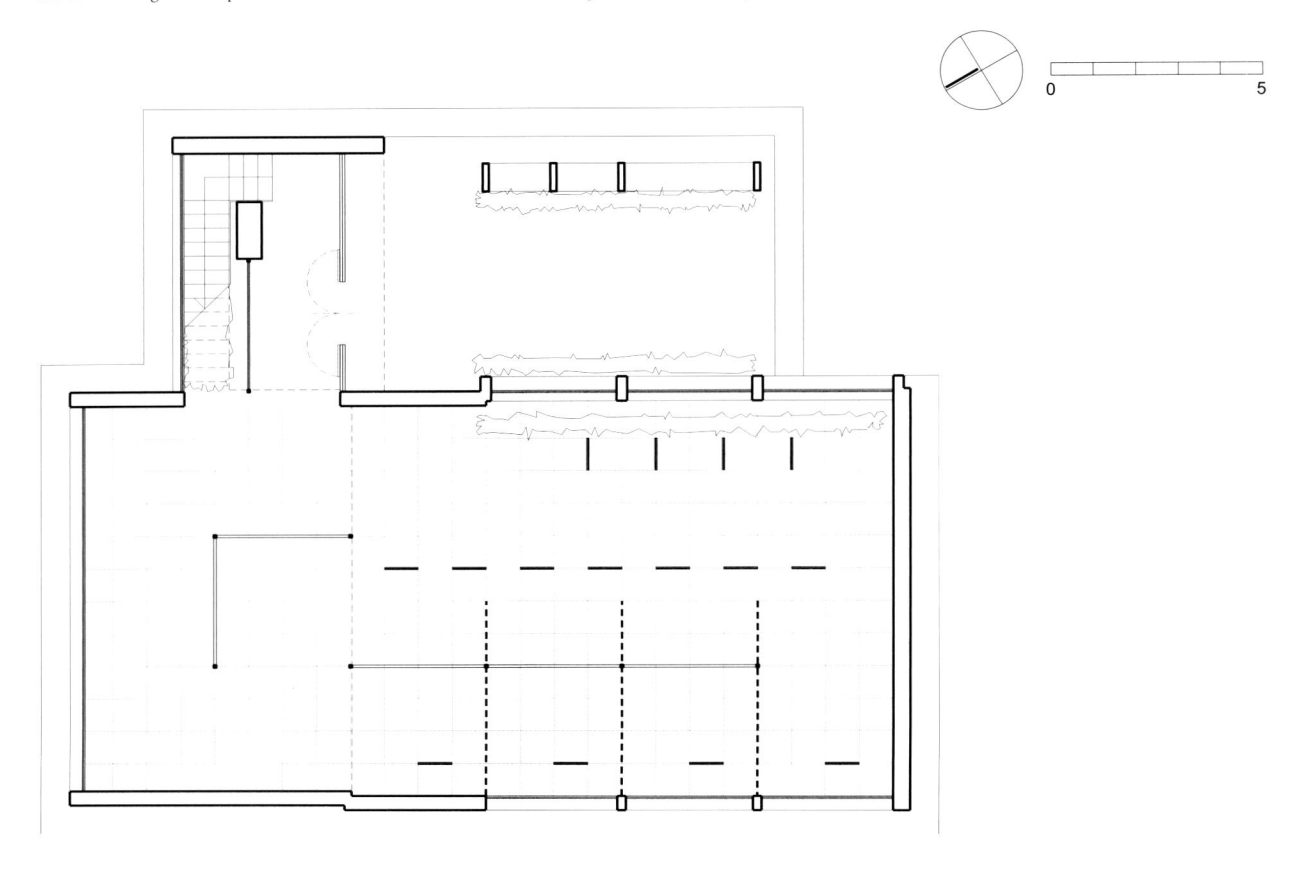

tav. XXXI. Padiglione Ina per la fiera del Levante di Bari. Planimetria con la posizione dell'accesso posto lateralmente al volume della scala.

letture d'architettura: padiglioni ina per le fiere di milano e bari

tav. XXXII. Padiglione Ina per la Fiera Campionaria di Milano. Planimetria con la posizione dell'accesso posto lungo l'asse principale dell'edificio.

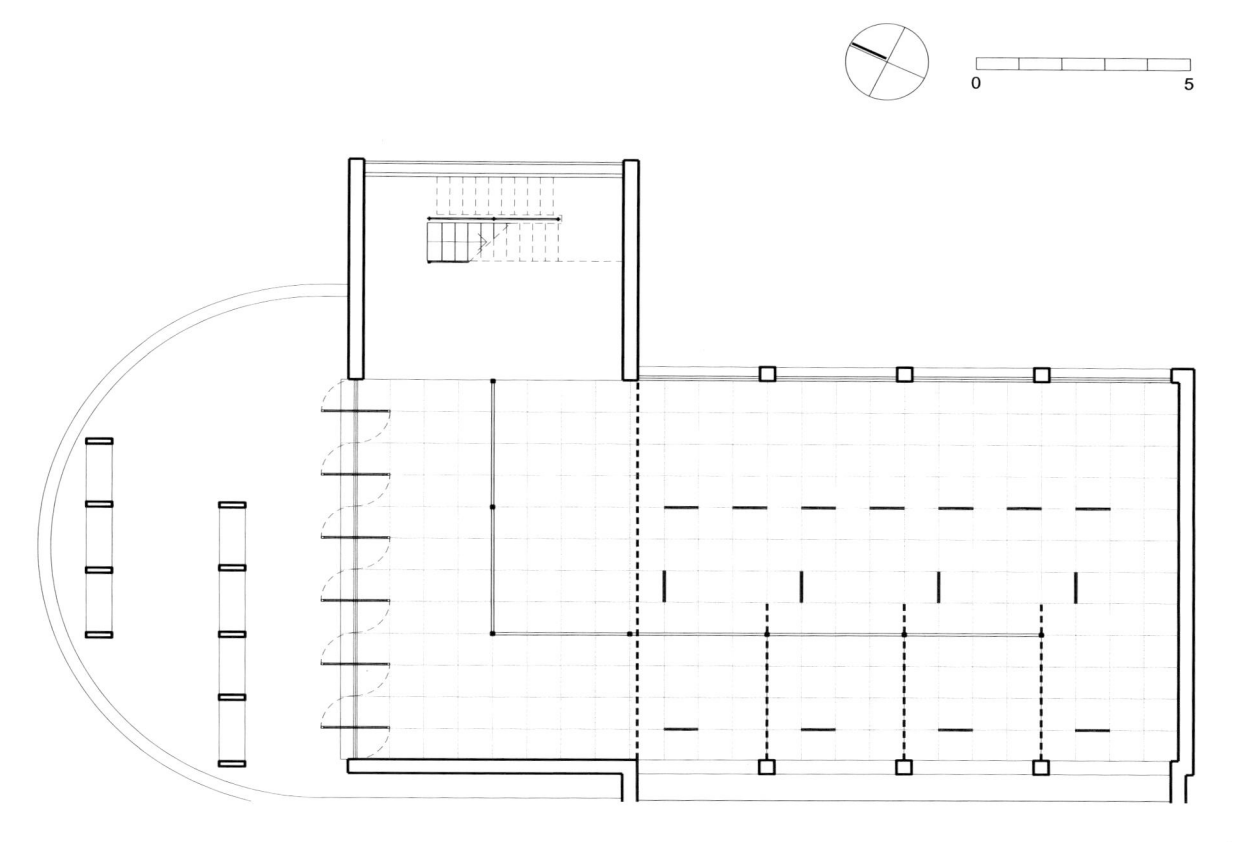

federico bucci

tav. XXXIII. Padiglione Ina per la Fiera del Levante di Bari. Vista accidentale del fronte nord-est.

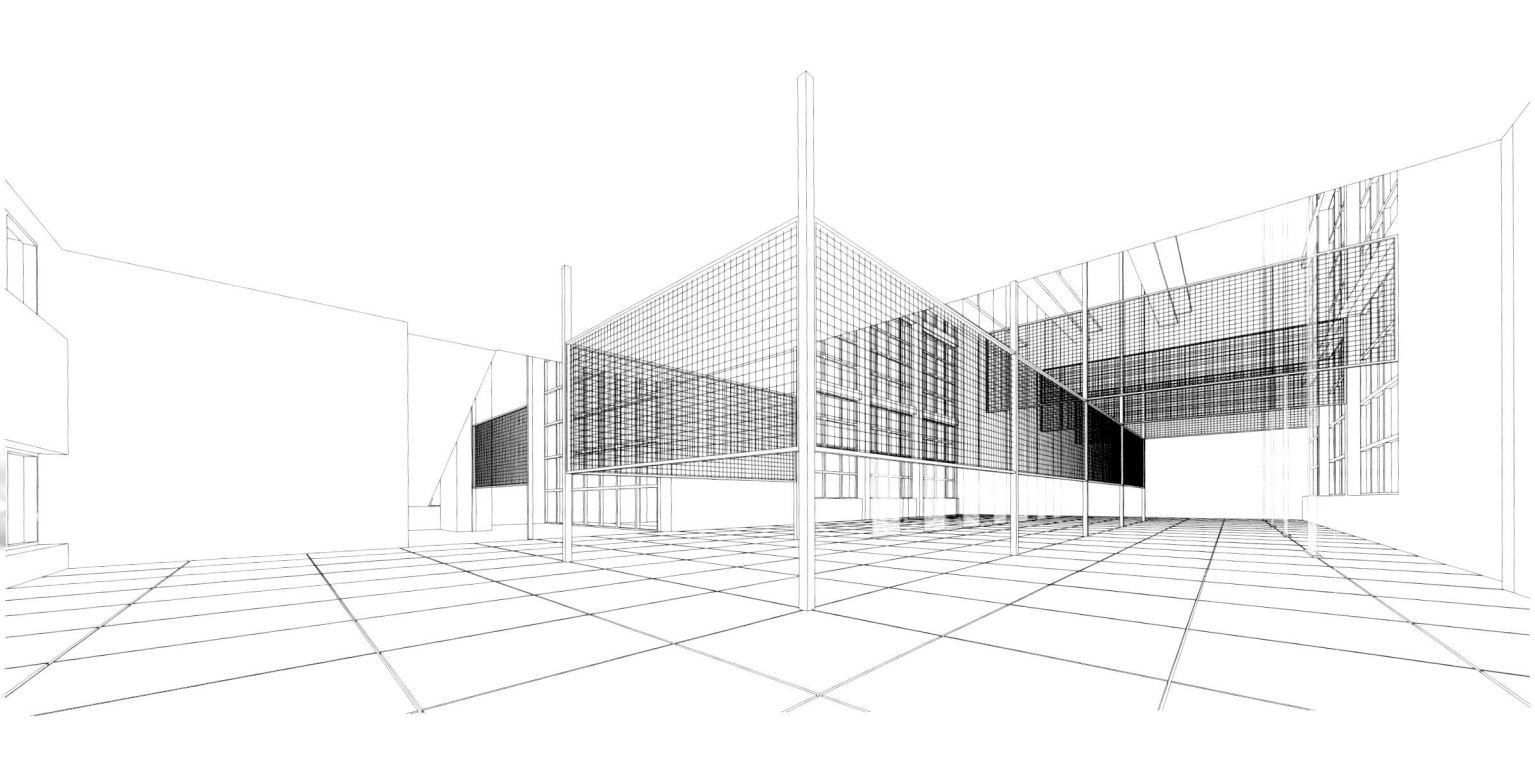

letture d'architettura: padiglioni ina per le fiere di milano e bari

tav. XXXIV. Padiglione Ina per la Fiera Campionaria di Milano. Vista accidentale del fronte sud-est.

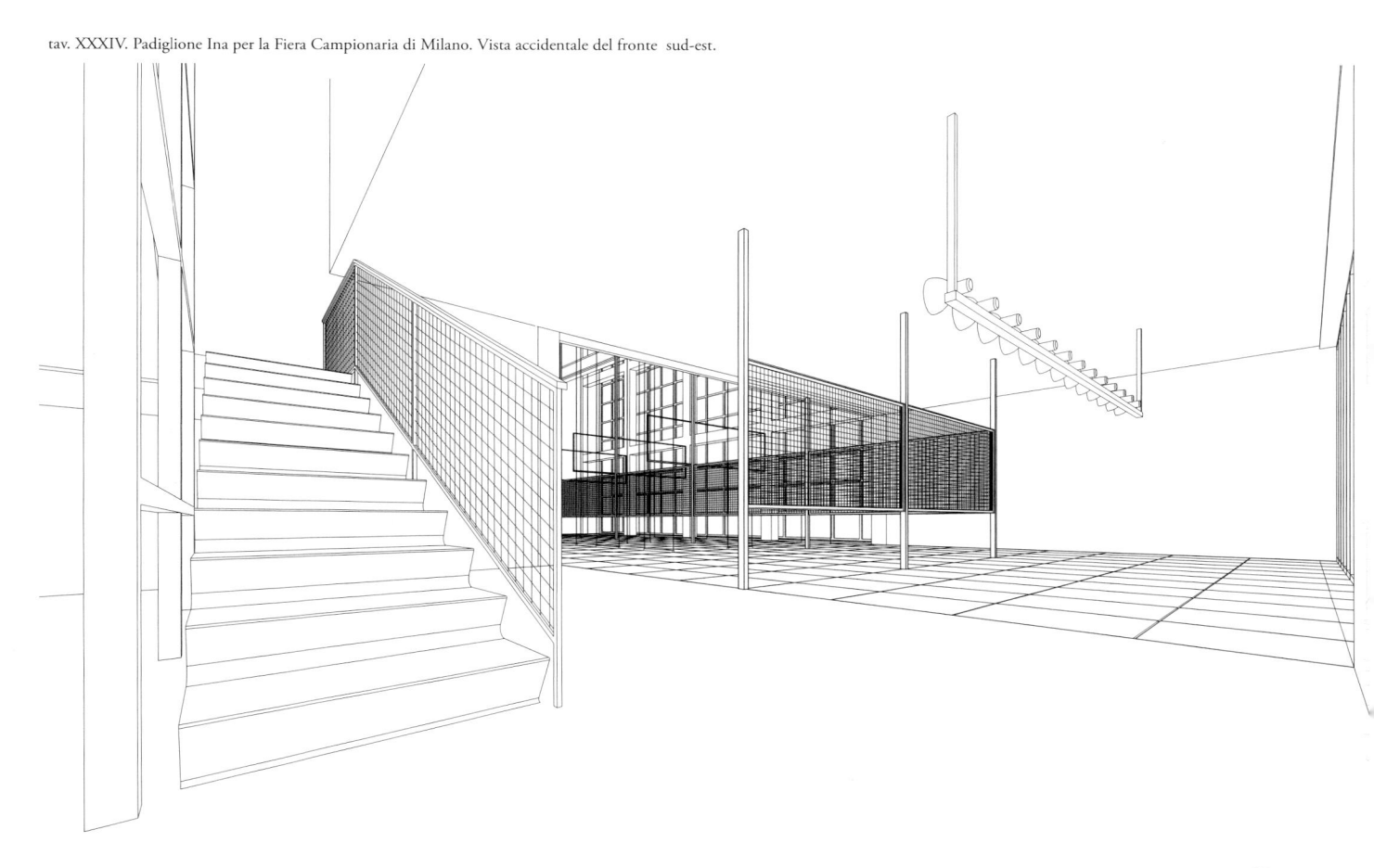

tav. XXXV. Padiglione Ina per la Fiera del Levante di Bari. Sezione prospettica longitudinale.

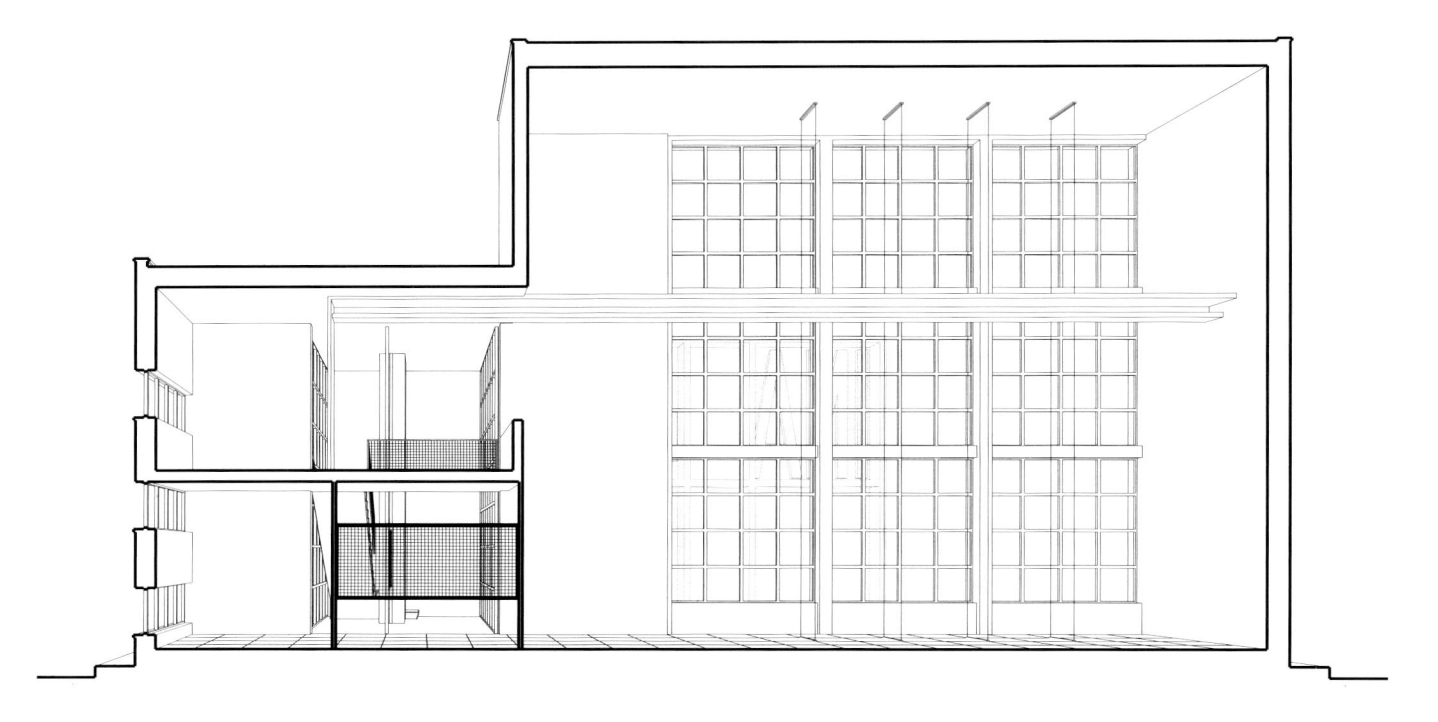

letture d'architettura: padiglioni ina per le fiere di milano e bari

tav. XXXVI. Padiglione Ina per la Fiera Campionaria di Milano. Sezione prospettica longitudinale.

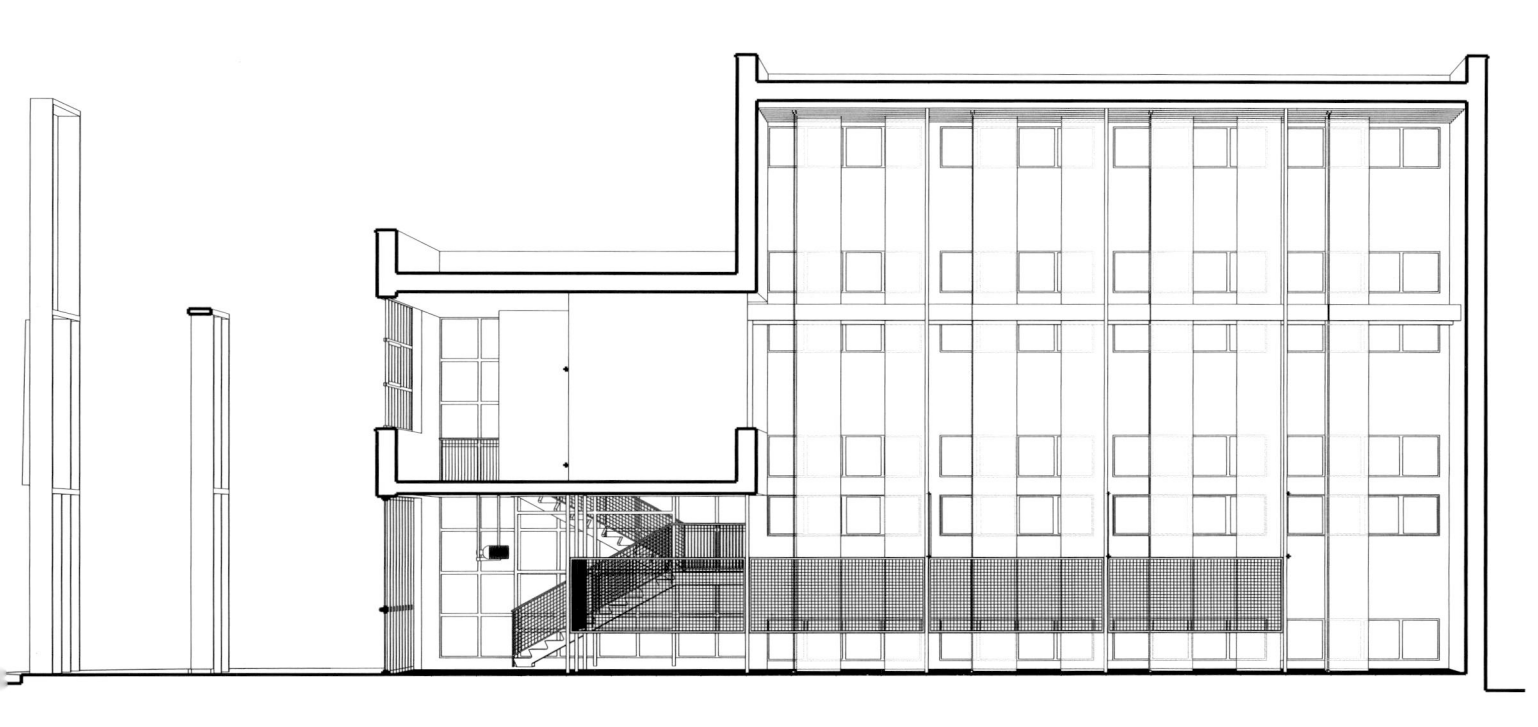

85

federico bucci

tav. XXXVII. Padiglione Ina per la Fiera del Levante di Bari. Sezione prospettica accidentale del doppio volume espositivo.

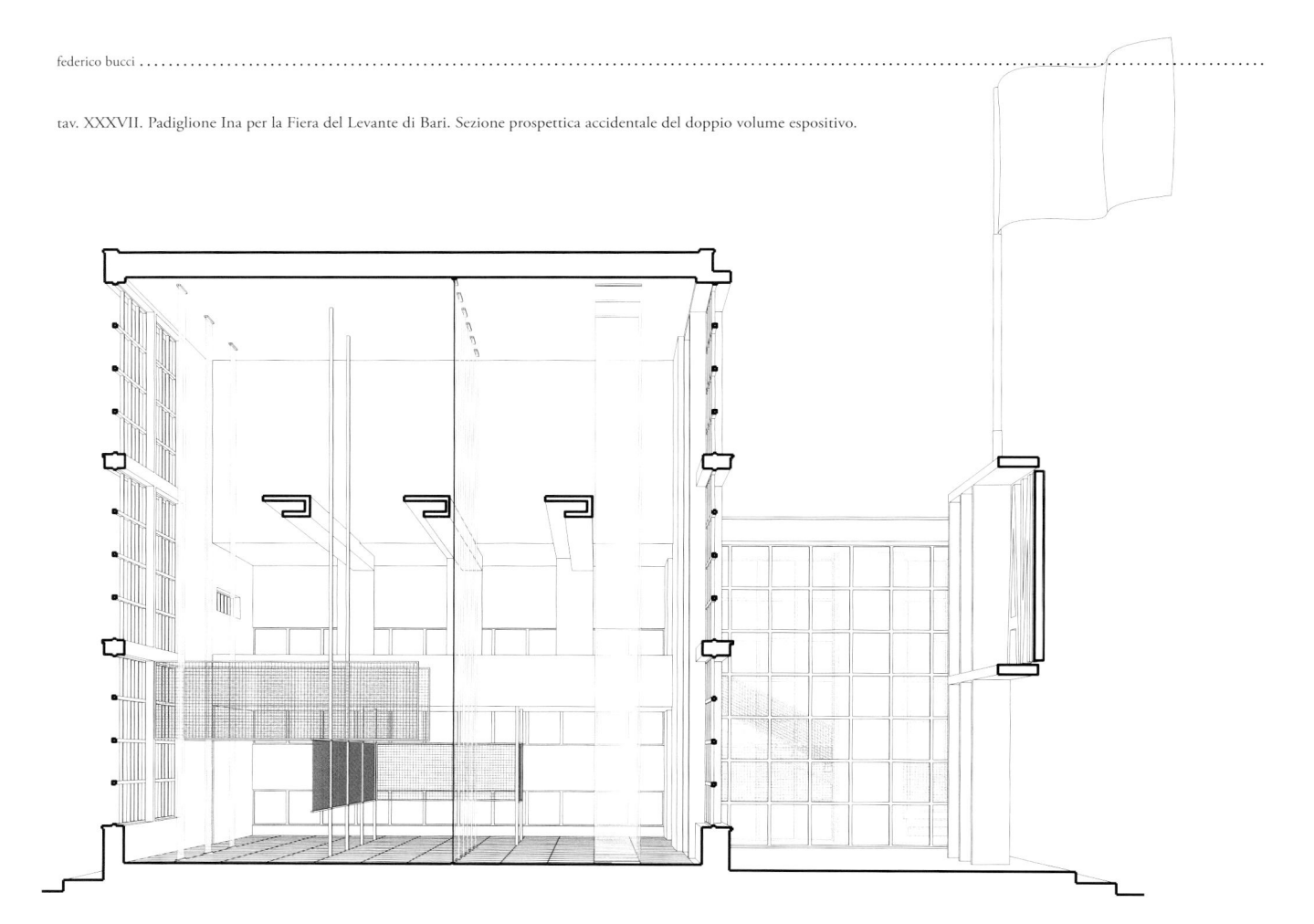

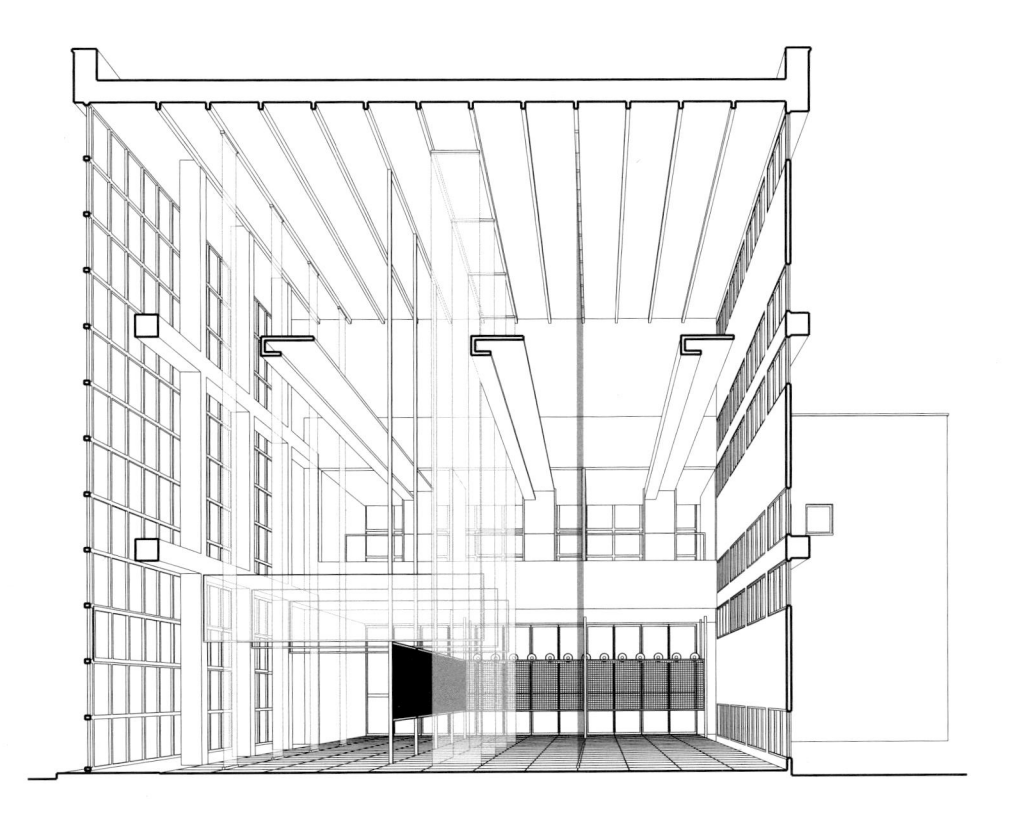

tav. XXXVIII. Padiglione Ina per la Fiera Campionaria di Milano. Sezione prospettica accidentale del doppio volume espositivo

tav. XXXIX. Padiglione Ina per la Fiera del Levante di Bari. Vista accidentale dell'ingresso e dei telai esterni.

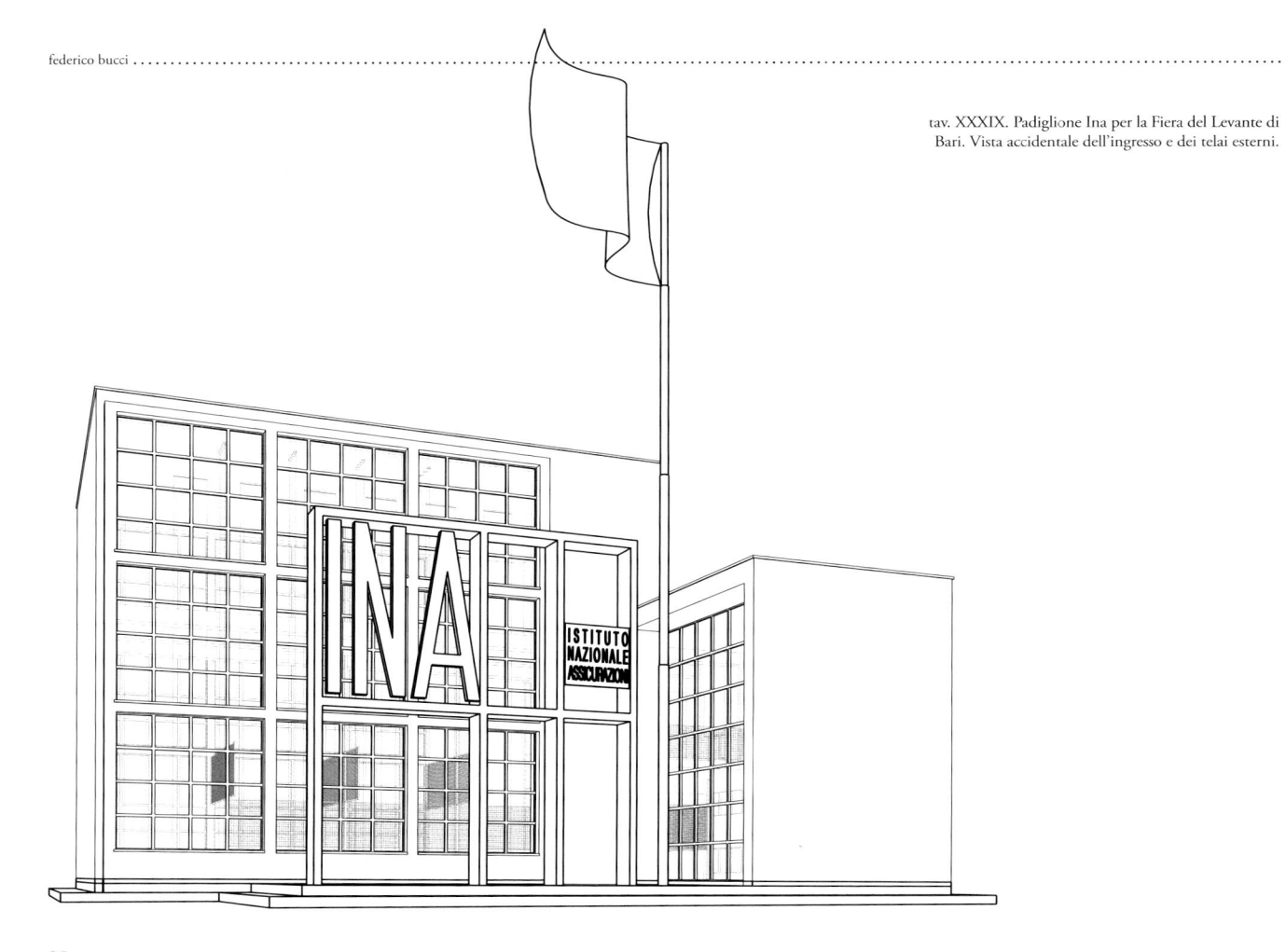

tav. XL Padiglione Ina presso la Fiera Campionaria di
Milano. Vista accidentale dell'ingresso e dei telai esterni.

federico bucci

fig. 37. F. Albini, Padiglione Ina per la Fiera Campionaria di Milano, 1933.

fig. 38. F. Albini, Padiglione Ina per la Fiera Campionaria di Milano, 1934.

Regesto dei padiglioni e degli allestimenti di Franco Albini
a cura di Claudio Camponogara e Annette Tosto.

Dal "Regesto completo delle opere" messo a disposizione del pubblico dalla Fondazione Franco Albini abbiamo voluto selezionare solo i padiglioni e gli allestimenti destinati ad eventi fieristici o espositivi temporanei per rendere evidente l'importanza assegnata al tema dell'architettura "effimera" dall'architetto milanese.

Into the huge number of files kindly released by the Franco Albini Foundation we have just selected the temporary pavilions and decors for exhibitions to make clear the importance Albini gave to the "temporary" architectures

- Padiglione del "Masonite", Fiera Campionaria di Milano, 1932
- Allestimento dello stand per la Fonderia Vanzetti, Fiera Campionaria di Milano, 1932.
- Allestimento dello stand per la Fonderia Vanzetti, Fiera Campionaria di Milano, 1932.
- Allestimento dello stand dessi, Fiera Campionaria di Milano, 1932.
- Galleria dell'arredamento alla V Triennale di Milano, 1933 (con G.Palanti).
- Casa a struttura in acciaio alla V Triennale di Milano, 1933 (con G.Pagano, R.Camus, G.Minoletti, G.Mazzoleni, G.Palanti).
- Allestimento dello stand INA, Fiera del Levante, Bari, 1933.
- Allestimento dello stand per la Fonderia Vanzetti, Fiera Campionaria di Milano, 1933.
- Padiglione dell'INA, Fiera Campionaria di Milano, 1933.
- Allestimento della Sala dell'Aerodinamica, "Mostra dell'Aeronautica Italiana", Palazzo dell'Arte, Milano, 1934.
- Allestimento dello stand Parma, Fiera Campionaria di Milano, 1934 (con R.Camus, G.Palanti).
- Padiglione dell'INA, Fiera Campionaria di Milano, 1934.
- Allestimento dello Stand per la Fonderia Vanzetti, Fiera Campionaria di Milano, 1934.
- Padiglione dell'INA, Fiera del Levante di Bari, 1934.
- Padiglione dell'INA, Esposizione Internazionale di Bruxelles, 1935.
- Progetto per il Padiglione dell'Ungheria, Fiera di Padova, 1935.
- Progetto per il padiglione dell'Austria, Fiera di Padova, 1935.
- Padiglione dell'INA, Fiera Campionaria di Milano, 1935.
- Allestimento dello stand Parma, Fiera Campionaria di Milano, 1935.
- Allestimento dello stand per la fonderia Vanzetti, Fiera Campionaria di Milano, 1935.
- Padiglione dell'INA, Fiera del Levante di Bari, 1935.
- Allestimento della mostra dell'INA alla Loggia del Sansovino, Venezia, 1935.
- Allestimento della "Stanza per un uomo" della ditta Dassi alla "Mostra dell'arredamento", VI Triennale di Milano, 1936.
- Allestimento della "Mostra dell'antica oreficeria italiana" alla VI Triennale di Milano, 1936 (con G.Romano).
- Allestimento della "Mostra dell'Abitazione", VI Triennale di Milano, 1936 (con R.Camus, P.Clausetti, I.Gardella, G.Mazzoleni, G.Minoletti, G.Mucchi, G.Palanti, G.Romano)
- Allestimento dello stand per la Fonderia Vanzetti, Fiera Campionaria di Milano, 1936.
- Allestimento della Galleria dell'industria nel Padiglione Italiano. "Exposition internationale des Arts et des techniques", Parigi, 1937.
- Allestimento dello Stand per la Fonderia Vanzetti, Fiera Campionaria di Milano, 1937.
- Allestimento della Mostra dell'Enapi, Fiera

- Campionaria di Milano, 1937.
- Progetto di allestimento per la "Mostra delle industrie estrattive" all'E42, Roma, 1937.
- Padiglione della Fiat alla Fiera Campionaria di Milano, 1938. (con G.Palanti).
- Allestimento della sala del Piombo e dello zinco per Montecatini alla "Mostra autarchica del minerale italiano". Roma, 1938. (con G.Minoletti, G.Palanti).
- Progetto di Padiglione "Chatillon Lenasel", Fiera Campionaria di Milano, 1938 (con G.Palanti).
- Edicola per le riviste "Domus" e "Casabella" alla Fiera Campionaria di Milano, 1939.
- Progetto di allestimento "Arredamento italico" per Saffa, 1939.
- Allestimento dello stand per la Fonderia Vanzetti, Fiera Campionaria di Milano, 1939,
- Progetto di una "Casa modello" per Saffa, Fiera Campionaria di Milano, 1939.
- Progetto per l'allestimento della "Mostra della Radio", 1939.
- Allestimento dello stand per la Fonderia Vanzetti, Fiera Campionaria di Milano, 1940.
- Allestimento dello stand Sempas, Fiera Campionaria di Milano, 1940.
- Ampliamento del Padiglione Montecatini, Fiera Campionaria di Milano, 1940.
- Stanza di soggiorno in una villa, VII Triennale di Milano, 1940.
- Allestimento della sezione "Criteri per la casa d'oggi", VII Triennale di Milano, 1940 (con P.Bottoni, R.Camus, E.A.Griffini, M.Mazzocchi, G.Mazzoleni, G.Minoletti).
- Progetto di allestimento della "Mostra dell'abbigliamento" alla Triennale delle Terre d'Oltremare, Napoli, 1940. (con G.Palanti).
- Allestimento della Sala del Piombo per Montecatini, Fiera Campionaria di Milano, 1941.
- Progetto per il Padiglione Oxal, Fiera di Milano, 1941.
- Allestimento dello stand per la Fondiaria Vanzetti, Fiera Campionaria di Milano, 1941.
- Progetto di nuovo padiglione espositivo della Montecatini, 1941.
- Allestimento della "Mostra di Scipione e di disegni contemporanei", Pinacoteca di Brera, Milano, 1941.
- Allestimento dello stand per la Fonderia Vanzetti, Fiera Campionaria di Milano, 1942.
- Allestimento della "Mostra permanente della costruzione", 1946.
- Allestimento della "Mostra Rima", Palazzo dell'Arte, Milano, 1946.
- Allestimento dello stand per la Fonderia Vanzetti, Fiera Campionaria di Milano, 1946.
- Progetto di allestimento dello stand Sala, Fiera Campionaria di Milano, 1946.
- Allestimento della "Mostra dell'arredamento", VIII Triennale di Milano, 1947.
- Allestimento della "Mostra dei pigmenti colorati" per Montecatini, Fiera Campionaria di Milano, 1947.
- Allestimento dello stand per l'Istituto delle ricerche nel Padiglione Montecatini, Fiera Campionaria di Milano, 1947 (in collaborazione).
- Progetto di allestimento dello Stand Bombini-Parodi-Delfino, Fiera Campionaria di Milano, 1947. (con G.De Carlo).
- Allestimento dello stand "Metalloceramica", Fiera Campionaria di Milano, 1947.
- Allestimento dello stand "Italchimica", Fiera Campionaria di Milano, 1947.
- Progetto di allestimento degli stand Duco e Litopone, Fiera Campionaria di Milano,1947.
- Allestimento della "Mostra del turismo" per Rima, Palazzo dell'Arte, Milano, 1948.
- Progetto di concorso per un nuovo padiglione per esposizioni della società Terni, Fiera Campionaria di Milano, 1949.
- Studio di allestimento per il VII Ciam, Palazzo della Ragione, Bergamo, 1949.
- Progetto di stand per materie plastiche per la Montecatini, Fiera Campionaria di Milano, 1950.
- Allestimento della "Mostra delle arti applicate", IX Triennale di Milano, 1951.
- Allestimento della "Mostra delle ceramiche di Picasso", IX Triennale, Milano, 1951.
- Allestimento della mostra didattica "La storia della bicicletta", IX Triennale di Milano, 1951.
- Allestimento della mostra di Legér, IX Triennale di Milano, 1951.
- Allestimento della "Mostra di architettura italiana", Londra, 1952 (con E.Peressutti).
- Allestimento della "Mostra di arte decorativa italiana", Parigi, 1952)con E.Palazzo).
- Allestimento della Sala Miracolo della Scienza, "Mostra internazionale delle Arti e del Costume". Palazzo Grassi, Venezia, 1952.
- Allestimento della sala dei tessuti genovesi del XVI secolo, "Mostra internazionale delle Arti e del Costume". Palazzo Grassi, Venezia, 1952.
- Allestimento della "Mostra didattica di Arte, Tecnica, Cultura" per il congresso Ikon, Milano, 1953.
- Allestimento della "Mostra di arte contemporanea, arte decorativa e architettura italiana, Stoccolma – Helsinki, 1953.
- Allestimento dello stand Rhodiatoce nel padiglione Montecatini, Fiera Campionaria di Milano, 1954.
- Allestimento del Salone d'Onore, X Triennale di Milano, 1954.
- Allestimento della sezione "Mobile singolo",

X Triennale di Milano, 1954. (con F.Berlanda, L.Fratino, E.Freyre, G.eN.Valle, B.E.Rambaldi).
- Allestimento della sezione "Scuole d'arte", X Triennale di Milano, 1954.
- Allestimento della "Mostra ufficiale italiana", San Paolo del Brasile, 1954.
- Progetto per l'allestimento del padiglione USA, Biennale di Venezia, 1954.
- Allestimento della Sala Venezia Viva, "Mostra del Settecento veneziano", Palazzo Grassi, Venezia, 1954.
- Allestimento della "Mostra di pittura italiana del settecento", San Paolo del Brasile, 1954.
- Allestimento dello stand Rhodiatoce nel padiglione Montecatini, Fiera Campionaria di Milano, 1955.
- Allestimento dello stand Rhodiatoce nel padiglione Montecatini, Fiera Campionaria di Milano, 1956.
- Allestimento della mostra di Delacroix, Biennale di Venezia, 1956.
- Allestimento dello stand Pirelli, Fiera del ciclo e del motociclo, Palazzo dello sport, Milano, 1956.
- Allestimento dello stand "Premio la Rinascente – compasso d'oro", U.S.World Trade Fair, New York, 1957.
- Allestimento dello stand "Campeggio e motonautica Pirelli", Fiera Campionaria di Milano, 1958.
- Allestimento degli stand "Storia del pneumatico" e "Storia del petrolio" al museo dell'automobile di Torino, 1960. (con C.Levi).
- Allestimento della mostra internazionale "Confronto del vetro e dell'acciaio". XII Triennale di Milano, 1960.
- Studio di allestimento per l'Esposizione internazionale del lavoro, Torino, 1961.

- Allestimento del padiglione "Organizzazione industriale, produttività, mercato" per Olivetti. Esposizione internazionale del lavoro "Italia '61", Torino, 1961.
- Allestimento del padiglione "La ricerca scientifica" per Pirelli, Esposizione Internazionale del lavoro "Italia '61", Torino, 1961.
- Allestimento dello stand Montecatini, Fiera Campionaria di Milano, 1961.
- Allestimento dello Stand Montecatini, XVI Fiera del Mediterraneo, Palermo, 1961.
- Studi per l'allestimento di uno stand per Montecatini, Torino, 1961.
- Allestimento dello stand Montecatini, Fiera di Budapest, 1962.
- Padiglione dell'industria italiana, Ne w York, 1962-65.
- Allestimento dello stand Brionvega, "Mostra internazionale Rai-Tv", Milano, 1963
- Padiglione "Io acciaio" dell'Italsider, Fiera Campionaria di Milano, 1966. (con E.Gentili Tedeschi)
- Allestimento dello stand Italsider, Fiera di Bologna, 1966. (con E.Gentili Tedeschi)
- Allestimento dello stand per Terni alla Fiera Campionaria di Milano, 1967 (con E.Gentili Tedeschi)
- Allestimento dello stand Italsider "Ieri, oggi, domani", Fiera Campionaria di Milano, 1967 (con E. Gentili Tedeschi)
- Allestimento dello stand Italsider "Perchè l'acciaio", Fiera Campionaria di Milano, 1968 (con E.Gentili Tedeschi)
- Allestimento di una mostra personale di architettura XXXIV Biennale di Venezia, 1968
- Allestimento della mostra su Andrea Palladio alla basilica di Vicenza, 1971-73
- Allestimento della nuova Pinacoteca del Castello Sforzesco, Milano, 1972-1977
- Allestimento della mostra "50 anni di pittura italiana", Palazzo Reale, Milano, 1974
- Allestimento di sale per mostre temporanee, Museo del Castello Sforzesco, Milano, 1974
- Allestimento della "Mostra archeologica preromana", Museo civico, Padova, 1976

fig. 39. F. Albini, Padiglione Ina per la
Fiera del Levante, Bari, 1934.

Fonti iconografiche

figg.1, 4, 5, 6, 7, 9, 10, 11, 12, 13, 14, 15, 16,
17, 18, 19, 20, 21, 22, 23, 24, 25, 26, 27, 28,
29, 30, 31, 32, 33, 34, 35, 36, 37, 38, 39
archivio della Fondazione Franco Albini

figg.2, 3
tavv. I, II III, IV, V, VI, VII, VIII, IX, X, XI,
XII, XIII, XIV, XV, XVI, XVII, XVIII, XVIX,
XX, XXI, XXII, XXIII, XXIV, XXV, XXVI,
XXVII, XXVIII, XXIX, XXX, XXXI, XXXII,
XXXIII, XXXIV, XXXV, XXXVI, XXXVII,
XXXVIII, XXXIX, XL
archivio della Associazione Culturale Ilios

Fonti bibliografiche

Fabrizio Rossi Prodi
Franco Albini
Officina, Roma 1996

Antonio Piva e Vittorio Prina
Franco Albini 1905-1977
Electa, Milano 1998

Federico Bucci e Augusto Rossari (a cura di)
I musei e gli allestimenti di Franco Albini
Electa, Milano 2005

Franco Albini, Padiglione stabile dell'Ina a Bari presso la Fiera del Levante, 1935
Rassegna di Architettura", 2/1936, pp.51-53

Federico Bucci, Fulvio Irace (a cura di)
Zero Gravity. Franco Albini. Costruire le modernità.
Electa, Milano 2006

AA.VV
Franco Albini. Architettura e design, 1905-1977
Centro Di, Firenze 1979

Giampiero Bosoni e Federico Bucci
Il design e gli interni di Franco Albini
Electa, Milano 2009

L'associazione Culturale Ilios, nella persona di Mario Ferrari, intende esprimere un sentito ringraziamento ad Annette Tosto per i suoi consigli e la sua preziosa collaborazione nella raccolta e nella scelta delle immagini appartenenti all'Archivio della Fondazione Franco Albini.
Un doveroso ringraziamento anche a Marco e Paola Albini per aver aperto con generosità ed entusiasmo gli Archivi alla Associazione per la documentazione necessaria alla stesura degli apparati del libro.
Un ultimo ringraziamento da parte dell'Associazione a Jacopo Benedetti che ha svolto un lavoro di controllo e revisione del saggio in lingua inglese.

Si ringrazia la Fondazione Franco Albini per il patrocinio concesso alla Associazione Culturale Ilios e per l'accesso all'archivio dello studio Albini

Ilios wish to thank Mrs. Annette Tosto for her precious help in choosing, selecting and mounting drawings and images from the Franco Albini Foundation Archive.
Thanks to Marco and Paola Albini for their enthusiasm and generosity in believing in this important tale dealing Italian Modern Architecture.
Thanks, in the end, to Jacopo Benedetti for his valuable contribution in the review of English language text.

We are grateful to the Franco Albini Foundation that allowed us to search drawings and images in the archives of the Architect.

ffa fondazione franco albini

finito di stampare nel mese di dicembre 2011
presso la Ragusa Grafica Moderna, Bari